L'ABBAYE DE CASTRO,

DRAME EN CINQ ACTES,

par MM. P. Dinaux et Gustave Lemoine,

REPRÉSENTÉ, POUR LA PREMIÈRE FOIS, SUR LE THÉÂTRE DE L'AMBIGU-COMIQUE, LE 4 AVRIL 1840.

PERSONNAGES.	ACTEURS.
JULES BRACHIOFORTE.	M. Albert.
LE CAPITAINE RANUCCIO.	M. Saint-Ernest.
LE CARDINAL MONTALTE.	M. Crilly.
LE COMTE CAMPIREALI.	M. Saint-Hilaire.
FABIO, son fils.	M. Anatole Gras.
UGONE, chef de bravi.	M. Culmer.
LE GOUVERNEUR de Rome.	M. Guainville.
LE PRIEUR du Monte-Cavi.	M. Monnet.
SCIOTTI, hôtellier.	M. Gilbert.
UN CHEF DE BRAVI.	M. Edme.
MARIO.	M. Alfred Albert
UN BRAVO.	M
LUIDGI,) valets du Comte.	M. Alexandre.
MATTEO,)	M. Eugène.
LA COMTESSE CAMPIREALI.	Mme Darcey.

PERSONNAGES.	ACTEURS.
HÉLÈNE, sa fille.	Mlle V. Martin.
L'ABBESSE DE CASTRO.	Mme L.
LA SUPÉRIEURE du couvent de l'Ave-Maria.	Mme Barville.
LA DIRECTRICE de l'abbaye de Castro.	Mme Daussion.
MARGARITA, gouvernante de Jules.)	
LA TOURIÈRE de l'abbaye de Castro.)	Mme Saint-Firmin.
UNE RELIGIEUSE du couvent de l'Ave-Maria.)	
UNE RELIGIEUSE de l'abbaye de Castro.)	Mlle Héloïse.

TROIS PARENS DU COMTE CAMPIREALI, BRAVI, RELIGIEUSES, SBIRES, PAYSANS.

ACTE PREMIER.

Premier Tableau.

Le théâtre représente la demeure de Jules Brachioforte. Elle est construite dans les deux arcades d'un aqueduc en ruines, sur le penchant d'une colline conduisant au petit village d'Albano, qu'on aperçoit dans le fond. Sur la droite des rochers escarpés formant près de la cabane, et dans la deuxième arcade, un précipice. L'intérieur offre un aspect misérable. Quelques toiles de tableaux commencés sont éparses çà et là, au milieu d'armes de chasse et de guerre. Les deux arcades servent de fenêtres, et sont couvertes de lierre et de pampre. La porte, dans la première, n'est fermée que par un battant, à hauteur d'appui. Entre les deux arcades, une vieille rapière appendue.

SCÈNE PREMIÈRE.
RANUCCIO, MARGARITA *.

RANUCCIO, *sur le seuil.*

Holà ! hé ! y a-t-il quelqu'un ?... Ma foi, en- trons... (*Il entre*) Personne !... la porte ouverte ! Il est vrai qu'il n'y a rien ici qui puisse tenter les désirs de l'homme... Holà ! hé ! je demande un joli garçon...

La vieille Margarita accourt par la gauche.

* Les personnages sont placés au théâtre, comme ils le sont en tête de chaque scène, en prenant la droite de l'acteur.

MARGARITA.

Voilà ! voilà !

RANUCCIO, *riant.*

Vous, la vieille!... Ça n'est pas tout-à-fait
mon compte. Est-ce que c'est vous qui habitez
ici ?

MARGARITA.

C'est moi qui fais le ménage.

RANUCCIO.

Il me semble que vous n'avez pas grande be-
sogne. Mais, qui est le maître du ménage?

MARGARITA.

M. Jules.

RANUCCIO, *à part*

On ne m'avait pas trompé, c'est bien ici... Enfin je vais le revoir, après douze ans!... (*Haut à
Margarita.*) Il est donc absent ?

MARGARITA.

Parti dès l'aube, pour la chasse, comme tous
les jours ; mais il ne peut tarder à revenir de ce
côté.

Elle montre les rochers.

RANUCCIO.

Continuez votre ouvrage, ma bonne, j'attendrai... (*Il va au fond, et regarde le paysage.*)
Oui, Albano là-bas ; (*montrant à gauche*) les rochers du Giogo, ici ; là, un joli petit précipice à
donner des vertiges ; charmante position !... Oh!
il avait du goût, mon capitaine... (*redescendant
la scène, et ôtant son chapeau.*) Mon pauvre Peretti, quand après ta dernière oraison tu m'as dit:
« Je te lègue mon fils, » j'ai accepté, tout en faisant
la guerre; car moi, vieux soldat d'aventure, je ne
savais pas d'autre métier; mais de loin j'ai veillé
sur lui comme un père ; aujourd'hui, assez de
l'étranger... je reviens, et je ne le quitte plus...
Du paradis, où tu es maintenant (et tu ne l'as pas
volé), si tu es content de moi, mon ami, mon
héros, mon saint Peretti, accorde-moi la grâce
de mourir comme toi d'un coup de mousquet...
(*Revenant à Margarita qui range.*) Eh! la mé-
nagère!... donnez-moi donc quelques nouvelles :
il y avait pas bien loin d'ici, si je ne me trompe,
une croix en bois, sur la route, comme on en
élève où quelqu'un a été tué?

MARGARITA.

Auprès du couvent de Monte-Cavi, à cent pas
de l'auberge du vieux Sciotti.

RANUCCIO.

Juste... Y est-elle encore?

MARGARITA.

Non.

RANUCCIO, *à part.*

Pauvre ami, plus rien de toi!

MARGARITA.

Mais il y a une petite chapelle.

RANUCCIO.

Une chapelle!... et qui l'a fait bâtir?

MARGARITA, *confidentiellement.*

On ne sait pas.

RANUCCIO.

Et on y dit la messe?

MARGARITA, *confidentiellement.*

Tous les ans, le jour de l'accident.

RANUCCIO,

J'irai l'entendre.

MARGARITA.

Mais vous savez bien, puisque vous me parlez
de tout cela... (*Ranuccio fait un signe affirmatif.*)
Un prêtre y vient en secret.

RANUCCIO.

Et sait-on quel est ce prêtre?

MARGARITA.

Toujours enveloppé dans une longue robe et
couvert du capuce, il arrive à la chapelle, et part,
sans qu'on sache comment; mais on dit dans le
pays que c'est le père Anselme.

RANUCCIO.

Qu'est-ce que c'est que le père Anselme?

MARGARITA.

Ah! je l'ignore, et tout le monde est comme
moi... on dit même qu'il fait des miracles.

RANUCCIO.

Voilà qui est étrange... Mais j'entends quelqu'un sur la montagne, c'est Jules sans doute ;
laissez-nous seuls, ma bonne, nous avons à causer.

*Marguerite sort, et l'on voit un petit vieillard descendre,
en boitant, la montagne, à droite.*

SCENE II.

MONTALTE, RANUCCIO.

RANUCCIO, *allant à la balustrade de la deuxième
arcade qui le sépare du précipice.*

Eh! non, ce n'est pas lui; c'est un petit vieillard boiteux, qui descend tout en clopinant...
(*Montalte s'arrête un instant pour tousser à la
passerelle jetée sur le précipice.*) Oh! le pauvre
petit vieux! on dirait qu'il n'a que le souffle...
(*S'appuyant sur la balustrade.*) Eh! mon brave
homme!... vous ne battez que d'une aile!... et d'ici
à Albano, l'étape est un peu longue pour vous...

MONTALTE, *sur la passerelle* *.

Hélas! oui ; je suis si vieux! ma santé est si
frêle!...

RANUCCIO.

Tenez, je n'ai rien à faire pour le quart d'heure,
voulez-vous mon bras pour vous aider?

MONTALTE.

Merci, mon brave, merci; mais je suis obligé
de me reposer à chaque instant, et je craindrais
d'abuser de votre complaisance.

Il descend la colline.

RANUCCIO.

Eh bien, alors, entrez ici un instant, et vous

* L'acteur chargé de ce rôle important doit le jouer
sans *charge*, avec profondeur quand il est seul, parfois
avec l'habitude du commandement, toujours avec distinc-
tion. Sixte-Quint fut le Bonaparte de la papauté.

vous reposerez. Allons, allons, pas de cérémonie, je suis ici chez un ami qui ferait comme moi, j'en suis sûr... (*Montalte entre.*) Entrez, entrez, et asseyez-vous là... (*Montalte s'assied sur un escabeau.*) Diable! je suis heureux de n'avoir pas eu pendant mon voyage une paire de jambes comme celle-là.

Il montre la béquille.

MONTALTE.

Vous arrivez de loin?

RANUCCIO.

Des Pays-Bas.

MONTALTE.

Vous étiez au service?

RANUCCIO, *ouvert, et d'une franchise militaire qui doit faire contraste avec la dissimulation de Montalte.*

J'y ai toujours été, tantôt de l'un, tantôt de l'autre... partout où il y avait quelques bons coups à donner ou à recevoir; ce n'est qu'alors qu'on se sent vivre!... mais il n'y avait plus rien à faire en Italie; il y a douze ans, je fus rejoindre don Juan d'Autriche, surnommé l'Invincible, et quoique la mer ne soit pas mon élément, je lui ai prêté un bon coup d'épaule à Lépante

MONTALTE, *avec intérêt.*

Ah! vous étiez à Lépante!

RANUCCIO.

En personne... et les Turcs n'ont pas dû être très-contens de nous deux, car nous leur avons donné une fameuse poussée... de là, nous avons été rendre visite aux Maures d'Afrique; son frère, le roi d'Espagne, le rappela. Ma foi, ce don Juan était un vaillant compère! il payait bien; je ne voulus pas le quitter: toujours ensemble, nous avons été tenir un peu en bride messieurs des Pays-Bas, qui grognaient contre notre sainte mère l'Eglise; mais là, mon invincible don Juan est mort, dans la toile!... Pauvre diable! il méritait mieux que ça!

MONTALTE.

C'est vrai.

RANUCCIO.

Après lui, j'ai dit: Le capitaine Ranuccio a fait sa part; à d'autres, enfans... et je me suis mis en route pour revoir l'Italie. Le voyage était long, je m'ennuyais... toujours marcher... De temps en temps, quand je passais dans des pays où on se battait, je faisais ma partie, pour ne pas me rouiller la main... (*Riant.*) Si bien, que je suis resté quatre ans en route... Mais, me voilà arrivé; dans une heure, j'embrasserai un pupille, un élève, à qui je voudrais donner mes principes et ma bonne épée, car il doit avoir des dispositions, le gaillard! s'il tient de son père, qui était un vaillant soldat... voilà mon histoire, et la vôtre?

MONTALTE, *à part, en souriant.*

Il est ouvert, le capitaine... (*Haut.*) Moi, je viens du couvent des Capucins, et je vais à Albano.

RANUCCIO.

Après?

MONTALTE, *froidement.*

C'est tout.

RANUCCIO.

Ça peut être vrai... mais ça n'est pas long.

MONTALTE.

Et vous ne pensez pas à prendre du service ici, capitaine?

RANUCCIO.

Ma foi, non; d'abord, voyez-vous, les soldats du pape n'ont pas une brillante réputation... Pardon, vous êtes peut-être dans les ordres?

MONTALTE, *souriant.*

Cela n'y fait rien.

RANUCCIO.

Après cela, je crois que notre saint pontife Grégoire n'a pas besoin d'officiers.

MONTALTE.

Pourquoi cela?

RANUCCIO.

Ah! parce qu'il est trop faible pour s'en servir.

MONTALTE.

Vous parlez hardiment!

RANUCCIO, *vivement.*

Et j'agis de même; quoique je n'aie mis le pied que depuis trois jours dans les états de l'Église, est-ce que je ne sais pas déjà que c'est toujours la même chose... toujours comme autrefois? Par le temps où nous vivons, voyez-vous, en Italie il n'y a de respecté que ceux qui ont le cœur solide et le poignet ferme; tout le reste doit plier sous quelques grands voleurs... Pardon, j'ai voulu dire grands seigneurs... Et au-dessus de tous ces misérables en manteaux et en robes pavanent les Orsini.

MONTALTE, *se levant, à voix basse.*

Silence, malheureux!... Savez-vous de qui vous parlez là?... les Orsini!... leur puissance est au comble, et vous feriez mieux d'aller leur offrir vos services.

RANUCCIO.

Aux Orsini, moi! jamais!... je me ferais couper le poing plutôt.

MONTALTE.

Pourquoi?

RANUCCIO, *avec une colère sourde.*

Pourquoi? je vais vous le dire pourquoi. (*Il se rapproche de lui.*) Il y avait un homme, mon ami, mon frère, un soldat comme moi... mais une autre tête que la mienne!... un homme pour moi au-dessus de tous les hommes, au-dessus de don Juan lui-même, surnommé l'Invincible, un homme enfin qu'on n'appelait jamais inutilement, et qui, lui tout seul, leur faisait peur à tous!... Eh bien, cet homme, cet ami, ce frère d'armes, les Orsini l'ont tué! ils ont lâchement assassiné mon brave Peretti!

MONTALTE, *vivement et avec une voix forte.*

Peretti!...

RANUCCIO, *étonné.*

Tiens, comme vous avez dit cela chaudement? Vous l'avez connu?

MONTALTE, *se remettant et souriant.*

J'ai souvent entendu parler de lui.

RANUCCIO, *l'examinant.*

Ah!

MONTALTE.

Tenez, capitaine, vous êtes un excellent homme, ce que je vois; ouvert, franc... enfin comme je es aime, et j'accepte la proposition que vous me aisiez tout-à-l'heure de m'accompagner jusqu'à Albano. Voulez-vous me donner votre bras?

RANUCCIO.

Volontiers... Sur ce chemin-là, je rencontrerai peut-être mon jeune homme.

MONTALTE.

Et surtout, vous parlerez plus bas, sur la route.

RANUCCIO, *donnant le bras à Montalte, et appelant.*

Eh! la bonne, je sors un instant; mais je vais revenir... si Jules rentrait, dites-lui de m'attendre, entendez-vous? qu'il m'attende.

Montalte sort soutenu par Ranuccio; tous deux descendent vers Albano.

SCÈNE III.

MARGARITA, *sortant par la gauche quand ils ont disparu et courant à la porte.*

Mais dites donc! et votre nom? votre nom, monsieur le capitaine? Ah! bah! il ne m'entend plus!... Qui donc peut être ce soldat? je ne le connais pas, et jamais personne ne vient voir mon maître... Enfin, il a dit qu'il reviendrait, nous verrons bien... Tiens, tandis qu'ils s'en vont, en voilà deux autres qui montent le chemin de traverse, tout en examinant la maison... est-ce qu'ils viendraient encore ici?

Le comte Campireali arrive du même côté, mais par un chemin qui vient d'en-bas.

SCÈNE IV.

FABIO, LE COMTE CAMPIREALI, MAR-GARITA.

LE COMTE.

Dites-moi, la vieille... pourrait-on s'arrêter quelques instans ici? cette montée est rude...

MARGARITA, *avec respect.*

Comme il vous plaira, monseigneur?

FABIO, *examinant la chambre, avec dédain.*

Il ne faut pas être exigeant ici... Pouvez-vous nous donner de l'eau fraîche?

MAGARITA, *avec volubilité.*

Oui, messeigneurs; nous avons là tout près une source bien connue dans le pays! c'est là que viennent puiser toutes les jolies filles d'Albano! et Dieu merci, il n'en manque pas!... notre eau est si claire, si limpide!... et puis M. Jules est is beau garçon!... pur cristal de roche!...

FABIO.

Eh bien! allez! allez donc!

MARGARITA.

J'y cours. Ah! dam! c'est que je tiens à la réputation de notre eau!...

Elle sort.

LE COMTE, *examinant la cabane.*

Mais il y a erreur, Fabio.

FABIO.

Non, mon père, non; ce sont bien ici les rochers du Giogo; c'est bien la maison qu'on nous a indiquée.

LE COMTE.

Mais il est impossible que ce soit là la demeure d'un homme qui aurait osé lever les yeux jusqu'à votre sœur, jusqu'à la fille des Campireali. (*Margarita rentre, apportant des verres et une bouteille d'eau en grès.*) Qui habite cette maison, bonne femme?

MARGARITA.

M. Jules, monseigneur.

FABIO.

Jules qui?

MARGARITA.

Dam! M. Jules!

LE COMTE.

Il n'a pas un nom de famille?

MARGARITA.

Je ne lui en connais pas d'autre.

FABIO.

Qui sont ses parens?

MARGARITA.

Je ne lui en connais pas non plus... C'est un pauvre orphelin, élevé, je crois, par le vieux peintre Tonio, à qui il avait été confié.

FABIO, *avec impatience.*

Mais enfin, qui est-il?

MARGARITA.

Ah! c'est un joli garçon, dont toutes les filles raffolent et qu'elles aimeraient s'il voulait.

LE COMTE.

Ce n'est pas là ce qu'on vous demande.

MARGARITA.

Il est très-bon au pauvre monde, souvent triste, mais toujours brave.

FABIO.

Vous êtes bien sotte de ne pouvoir comprendre qu'on vous demande quelle est sa position dans le monde.

MARGARITA.

Sa position?

FABIO.

Oui, ce qu'il fait!

MARGARITA.

Ah! c'est différent. Il chasse, monseigneur; il chasse... quelquefois aussi il peint... il peint des madones... Dernièrement encore, il a fait mon portrait.

Jules, son fusil sur l'épaule, paraît sur la montagne. Musique en tremolo jusqu'à la sortie des Campireali.

LE COMTE, *bas à Fabio.*

Mais c'est incroyable d'audace!... Et voilà

l'homme qui, dit-on, vient rôder tous les soirs sous les fenêtres de ma fille Hélène!...

MARGARITA, *apercevant Jules.*

Tenez, messeigneurs, le voilà lui-même.

SCENE V.

LES MÊMES, JULES, *déposant son fusil.*

JULES, *à part.*

Les Campireali chez moi ! quelle bonne fortune ! Oh ! accueillons-les comme des messagers de bonheur.

Le Comte et Fabio se lèvent. Le Comte passe devant lui en le toisant avec mépris et s'arrête sur le seuil.

FABIO, *raillant avec insolence.*

Eh ! l'ami... toi qui n'as pas de nom... il ne serait pas juste que nous eussions pris pour rien, chez toi, la seule chose que tu puisses offrir à tes hôtes. Quand tu viendras rôder autour du palais Campireali, avec cela du moins tu pourras t'acheter un autre pourpoint.

En disant cela, il jette aux pieds de Jules une bourse, puis il s'éloigne avec son père. Jules reste pétrifié, les yeux fixés sur la bourse. Margarita emporte tout ce qu'elle avait mis sur la table.

SCENE VI.

JULES *seul, sortant de sa stupeur.*

Et je venais à eux avec joie !... et j'allais leur offrir mon dévouement et ma vie !... Hélène ! Hélène ! ton frère m'outrager ainsi !... me traiter en mendiant !... m'accabler de son orgueilleux mépris !... Oh ! l'insulte !... l'insulte !... et je l'ai dévorée en silence !... et je n'ai pas brisé !... Oh ! Hélène, Hélène, qu'il faut que je t'aime !... (*Il tombe sur un escabeau.*) Toi, qui n'as pas de nom, m'a-t-il dit !... et il a dit vrai !... Est-ce que j'ai un nom, moi ? une famille ? un seul ami ? Est-ce que la vue et la parole d'Hélène ne me sont pas interdites ? est-ce que depuis quinze jours j'ai pu seulement entrevoir sa robe, le soir, à la croisée ? est-ce qu'une seule fois elle m'a jeté son bouquet avec de douces paroles d'amour ? non, non... j'ai tout perdu. C'était un rêve ! un rêve des cieux !... Je m'éveille aujourd'hui misérable, inconnu, enfant perdu que ne réclame nulle affection, nulle pitié ! mendiant repoussé, à qui on jette une aumône... Adieu, illusion ! adieu, bonheur espéré. (*Se levant avec explosion.*) Mais aussi, adieu la vie !... je ne la supporterai pas !... Pardonnez-moi, mon Dieu, vous qui m'avez donné un cœur trop haut pour souffrir et trop d'amour pour me venger. (*Ranuccio paraît et témoigne sa joie de le revoir ; mais bientôt il l'écoute avec étonnement.*) La mort est là... (*il montre le précipice*) facile, ignorée... je disparaîtrai dans ce gouffre sans laisser de trace après moi, sans laisser de souvenir... C'en est fait, Hélène, Hélène, adieu !...

Il court vers le précipice, mais Ranuccio s'est jeté devant et lui barre le passage.

SCENE VII.

RANUCCIO, JULES.

RANUCCIO.

Et moi donc ! est-ce que tu ne me diras pas adieu ?

JULES.

À vous ?

RANUCCIO.

Tu peux bien dire toi au capitaine Ranuccio.

JULES, *le reconnaissant et lui sautant au cou.*

Ranuccio !... mon ami !... mon père !

RANUCCIO.

Allons donc !... diable ! il paraît que j'arrive à temps pour te retrouver entier... Qu'est-ce que c'est que des idées pareilles ?... Ta vieille ne t'avait donc pas dit de m'attendre ?

JULES, *le pressant dans ses bras.*

Ah ! pardon, mille fois pardon ! je suis un ingrat ; mais si tu savais comme je suis malheureux !

RANUCCIO, *regardant autour de lui.*

Tu n'as pas l'air en effet... Mais pourquoi rester ici avec ces couleurs, ces vieux morceaux de toile ?... pourquoi avoir quitté le bon métier, le seul métier ! celui des armes ? Brûle-moi tes livres, tes toiles, tes pinceaux, et viens avec moi... tu mèneras joyeuse vie... et tu pourras faire fortune.

JULES.

Eh ! que m'importe la fortune !

RANUCCIO.

Que veux-tu donc ?

JULES, *s'approchant de lui et l'entourant de ses deux bras, comme un fils.*

O ! mon ami, j'aime !...

RANUCCIO.

Eh bien ! qui t'en empêche ?

Toute cette fin de scène très-vive et très-serrée.

JULES.

J'aime avec transport Hélène !

RANUCCIO.

Va pour Hélène !

JULES.

Qui m'aime également !

RANUCCIO.

Te voilà bien à plaindre !

JULES.

Mais c'est une noble personne !

RANUCCIO.

Tant mieux !

JULES.

Mais on nous sépare !

RANUCCIO.

Ne vous laissez pas séparer.

JULES.

Ils m'ont insulté.

RANUCCIO.

Tue-les...

JULES.

Ils m'ont appelé mendiant !

RANUCCIO.

Ils ont menti ! car don Juan n'a pas été ingrat ! et voici de l'or...

JULES.

Homme sans nom ! sans famille !

RANUCCIO.

Qui a dit cela ?

JULES, *avec fureur.*

Les Campireali ! \

RANUCCIO.

Les Campireali !... j'ai un souvenir de ça, des nobles ! des richards ! (*Avec résolution.*) Ah ! ils disent que tu n'as pas de nom ? Laisse-moi faire... où est ton plus bel habit ?

JULES.

Je n'en ai qu'un.

RANUCCIO.

Choisis celui-là... on pourrait trouver mieux... (*Lui frappant sur la poitrine.*) Mais la doublure est bonne... ton épée !

JULES, *allant la décrocher à la muraille.*

La voici !

RANUCCIO, *la faisant ployer.*

Bonne lame !... Attache-moi ça ferme à ta hanche. (*Jules ceint sa rapière.*) A présent, ton chapeau !... bien, un peu plus sur l'oreille... (*L'embrassant.*) Je t'aime ainsi... tu es beau !... Maintenant, viens avec moi.

JULES.

Où donc ?

RANUCCIO.

A Albano.

JULES.

Chez qui ?

RANUCCIO.

Chez les Campireali.

JULES.

Pourquoi faire ?

RANUCCIO, *avec force.*

Pour leur apprendre ton nom... le nom de ton père !

JULES, *voulant l'arrêter.*

Mon père !

RANUCCIO.

A Albano, te dis-je, chez les Campireali !

Il l'entraîne, et tous deux sortent par le fond.

Deuxième Tableau.

Riche salon de la villa Campireali. Porte à gauche, et, au fond, à droite, grande fenêtre avec appui intérieur.

SCENE PREMIERE.

HÉLÈNE, LA COMTESSE.

Au lever du rideau, la comtesse Campireali, assise, regarde avec attention sa fille, qui, occupée d'un paysage qu'elle dessine d'après nature par la fenêtre, oublie son crayon et contemple la campagne avec un triste intérêt.

LA COMTESSE.

Est-ce que vos yeux, ma chère Hélène, n'ont pas assez contemplé ce paysage et cette maison située au milieu des rochers du Giogo ?

HÉLÈNE.

Pardon, madame, je m'oubliais dans une rêverie sans objet.

LA COMTESSE.

Sans objet ! je voudrais le croire, ma fille ! Étrangère au monde jusqu'à présent, vous n'y avez pas appris à dissimuler votre pensée, et il est facile de voir que votre esprit n'est point aux lieux où vous êtes venue nous rejoindre depuis un mois seulement.

HÉLÈNE.

Excusez cette inhabitude de la vie où je me trouve.

LA COMTESSE.

S'il n'y avait qu'inhabitude, je ne m'affligerais pas, mon enfant ; mais il y a froideur, et je souffre.

HÉLÈNE.

Il est cependant bien loin de ma pensée de vous causer un seul chagrin, madame.

LA COMTESSE.

Et ce mot seul, *madame,* qui revient sans cesse dans vos discours, ne suffirait-il pas pour me désoler ?... Hélène, écoutez-moi. Quand je vous mis au monde, ma fille, j'avais déjà donné au comte Campireali un héritier de son nom. Votre naissance ne fit pas battre son cœur... je me réjouis, moi, car j'avais désormais une compagne, dans la solitude que faisaient autour de moi ses préoccupations ambitieuses ; vous m'aimiez bien alors !... j'étais heureuse !... Mais à peine touchiez-vous à l'âge où l'affection, qui n'était encore qu'un instinct, allait devenir le plus doux des sentimens, qu'un ordre sévère fut porté contre nous deux, notre fortune suffisait à peine à soutenir le haut rang que le comte prévoyait dans l'avenir de son fils ; vous deviez me quitter pour entrer pensionnaire au couvent de l'Avé Maria, et après y avoir fait des vœux, aller, selon la règle, vous ensevelir pour toujours à l'abbaye de Castro, sombre retraite dont le nom seul m'épouvantel... A l'âge que vous aviez, un enfant oublie même sa mère!... Quelques jours plus tard, vous jouiez avec vos compagnes, et moi, depuis dix ans, je vous pleurais, lorsqu'un matin... ah! ce fut un beau jour dans ma vie!... je vous vis arriver tout-à-coup dans cette triste demeure; je vous tendis les bras, je vous couvris de baisers!... Mais, hélas! mes caresses semblaient vous surprendre... vous aviez désappris ce que c'est qu'une mère!

HÉLÈNE, *avec abandon.*

Ah! comment ai-je pu vous faire tant de chagrin sans le sentir?

LA COMTESSE.

Ce n'est pas tout, Hélène... bientôt je pus voir que votre cœur n'était pas insensible, mais qu'il était ailleurs qu'auprès de moi.

HÉLÈNE, *avec quelque effroi.*

Que dites-vous?

LA COMTESSE.

Je vous ai vue triste, préoccupée; le soir, bien des fois, je vous ai vue me fuir pour venir ici, seule, dans l'ombre, comme si vous attendiez quelqu'un... Cette nuit, quand je suis allée dans votre chambre...

HÉLÈNE.

Vous êtes venue ainsi près de moi!...

LA COMTESSE.

Eh! j'y vais toutes les nuits, malheureuse enfant!... et quand je me suis penchée pour vous donner encore un baiser, que vous ne sentiez pas, deux larmes suspendues à vos cils m'ont dit qu'avant de vous endormir, vous aviez pleuré...

HÉLÈNE, *se jetant dans ses bras.*

Oh! ma mère! ma mère! je suis bien coupable!

LA COMTESSE, *avec bonheur.*

Oui, appelle-moi ainsi... ce nom est si doux, quand tu le dis! (*La tenant embrassée.*) Je ne veux pas être exigeante, mon enfant: si tu ne peux pas m'aimer encore, j'attendrai; mais tu es malheureuse, mais tu souffres seule, en silence; c'est là ce qui me désespère... je ne veux pas forcer ta tendresse, ma fille, mais, au moins, donne-moi ta confiance.

HÉLÈNE.

Ma mère, pardonnez-moi; vous saurez tout, je vous dirai tout, car on n'aime pas ainsi sans être indulgente.

LA COMTESSE, *la faisant asseoir près d'elle.*

Oh! parle-moi, ma fille, ne crains rien, mets-toi bien près de moi, que je t'entende, que je te regarde!...

Elles s'asseyent toutes deux sur un canapé.

HÉLÈNE.

Ma vie, vous le savez, s'écoulait dans le silence du couvent, quand un accident, causé à la chapelle de l'Ave-Maria par le feu du ciel, endommagea la fresque de la coupole et celle qui me faisait face dans le chœur. Des échafauds, environnés de toiles, furent établis pour les travaux d'un jeune peintre que l'abbesse avait choisi, et dont nos pensionnaires racontaient d'étranges choses. Un jour que je levais les yeux vers notre sainte patronne, j'aperçus à travers les toiles entr'ouvertes une jeune tête, avec de beaux cheveux noirs, dont le regard plongeait sur le chœur et restait attaché sur moi... je reportai vite mes yeux sur mon livre; mais plusieurs fois encore, malgré moi, ils se levèrent vers cette figure si ardente, que je retrouvai toujours immobile à la même place, toujours tournée vers moi... Cette apparition me suivit toute la journée; je la revis en rêve; et, le lendemain, quand je revins à la chapelle, je n'osai plus regarder en haut, et mes yeux se portèrent sur le tableau qui était en face de moi, dans le chœur... mais (ce n'était point une illusion) j'y retrouvai la même tête que j'avais vue la veille dans les toiles de la coupole. Alors, ma mère, j'eus peur!... les jours suivans, je priai avec ferveur; mais un soir, à l'office, je m'enhardis, je regardai le tableau... je revis sur la toile la belle figure qui m'avait tant frappée... ses yeux, cette fois, étaient voilés par la tristesse et semblaient me supplier!... je crus comprendre alors... (*avec embarras*) je ne tins pas la tête toujours baissée, et j'osai regarder...

LA COMTESSE, *achevant sa pensée.*

Vers l'atelier où se tenait toujours le jeune peintre?

HÉLÈNE, *vivement.*

Oui, ma mère, et le lendemain, la figure du tableau, si triste la veille, était illuminée de joie et d'espoir... Jules, (il avait signé sa fresque avant même de l'avoir achevée) Jules avait trouvé moyen de correspondre avec moi en silence, et de m'apprendre ainsi son amour et son nom! Je ne dis rien à personne de ce que j'éprouvais; mais, ma mère, je compris que je l'aimais!

Elles se lèvent.

LA COMTESSE, *sévèrement.*

Et jamais depuis il ne t'a parlé?

HÉLÈNE, *baissant les yeux.*

Je mentirais, ma mère, si je disais non. Jules sut arriver jusqu'à la grille du jardin, et là souvent...

LA COMTESSE.

Malheureuse enfant! si ton père soupçonnait... ton père, si terrible, devant qui je tremble moi-même!

HÉLÈNE, *effrayée.*

Silence! silence!... je l'entends!

~~~~~~

SCÈNE II.

HÉLÈNE, LA COMTESSE, LE COMTE CAMPIREALI, FABIO.

LE COMTE.

Madame, nous attendons ici quelques-uns de nos parens et le cardinal Montalte, à qui j'ai donné rendez-vous pour une affaire qui intéresse notre famille...
~~~~~~

LA COMTESSE.

Nous nous retirons. (*Bas à Hélène, en sortant avec elle.*) Viens; désormais nous ne serons plus seules dans notre solitude; désormais, j'ai une fille, et toi une mère!

Elles rentrent à gauche.

SCENE III.

FABIO, LE COMTE.

FABIO, *avec violence.*

Non, mon père, je n'en puis plus douter; d'après les nouveaux renseignemens que je viens de prendre, c'est bien le même mendiant que l'on voit la nuit rôder autour de ce palais; c'est lui qui, il y a quelques jours, à l'église, a osé ramasser le missel de ma sœur, l'insolent! Mon père, il faut qu'il cesse cette poursuite, ou qu'il périsse!... l'honneur de la famille l'exige.

LE COMTE.

Calmez-vous, Fabio. Quel que soit l'insensé, lui ou tout autre, dans quelques jours, je l'espère, il ne sera plus à craindre.

FABIO.

Comment donc?

LUIDGI, *entrant.*

Les personnes que monsieur le comte a mandées attendent dans la pièce voisine qu'il vous plaise de les recevoir.

LE COMTE.

Faites entrer. (*Le Domestique sort. A Fabio.*) Vous allez entendre les projets que j'ai voulu soumettre à notre famille.

SCENE IV.

TROIS MEMBRES DE LA FAMILLE CAMPIREALI, LE COMTE CAMPIREALI, FABIO, LE CARDINAL MONTALTE, DES VALETS, *apportent des candélabres, et disposent des siéges.*

LE COMTE.

Salut, nobles parens! (*Au Cardinal.*) Comment la santé de monseigneur?

MONTALTE.

Toujours bien faible, et approchant à grands pas du dernier terme... je marche, comme vous voyez, un pied dans la tombe.

Il tousse et va s'asseoir à l'avant-scène de gauche.

LE COMTE.

Nous vous aimons trop pour vouloir vous croire. Messeigneurs, je vous ai convoqués pour une affaire de la plus haute importance. (*Montrant le Cardinal.*) Monseigneur nous a rendu de trop grands services, avant qu'il ne se fût ainsi obstinément retiré des affaires, pour ne pas le considérer comme des nôtres. Voici une lettre dont je veux avant tout vous donner communication; elle est du duc de Bracciano, le comte Paul Orsini.

MONTALTE, *avec un mouvement très-prononcé.*

Orsini?...

LE COMTE.

Il me demande ma fille Hélène pour son fils Octave... (*Le cardinal fait un léger mouvement.*) Cette proposition vous étonne, monseigneur?

MONTALTE, *avec empressement.*

Elle me comble de joie pour votre famille!

LE COMTE.

J'ai voulu vous consulter sur cette alliance, qui, en prêtant à notre maison un sûr et brillant appui, l'élèveau premier rang, et ne mettra plus de bornes à sa puissance; est-ce votre avis, mes nobles parens? (*signe d'assentiment*) et vous, monseigneur?

MONTALTE, *après avoir toussé.*

Octave Orsini est le premier parti d'Italie. (*Finement.*) Sa vie, il est vrai, n'a pas été exempte de désordres et des abus du pouvoir, auxquels s'abandonne un jeune homme qui peut tout... mais vous nous appelez à discuter l'avantage d'une telle union, et non le bonheur de votre fille. Les Orsini n'avaient dans leur parti qu'une famille, dont le crédit pût faire contrepoids à la leur; cette famille, c'était la vôtre; ils effacent adroitement son éclat en le confondant dans le leur... mais, ainsi unis, il n'y a plus d'opposition possible à vos volontés... (*Avec intention.*) Toutes les fois que vous voudrez ce que voudront les Orsini... seigneur comte, c'est un noble et puissant mariage!

LE COMTE.

Monseigneur, je découvre dans vos discours au-delà même de votre pensée... A présent, mes amis, écoutez-moi : notre saint pontife Grégoire XIII va tous les jours s'affaiblissant; peut-être touchons-nous au moment de lui nommer un successeur... mais parmi tous nos cardinaux, je ne vois personne... Monseigneur d'Est est trop jeune... (*Montalte se courbe et tousse*) monseigneur Alexandrini trop hautain. (*Montalte tire des pastilles et vient en offrir au Comte.*) Ah! si nous étions assez puissans par nous-mêmes, je vous dirais tout de suite : Restons isolés dans notre force, et portons au saint-siége l'homme de notre cœur, vous, cher cardinal.

MONTALTE, *se levant et avec une fausse bonhomie, en passant au milieu d'eux.*

Moi, bon Dieu!

LE COMTE.

Vous-même!

MONTALTE.

Mais songez donc que je ne suis qu'un moine! un pauvre moine!... que j'ai à peine la force de me gouverner moi-même; et comment, en cet état, songer à gouverner le monde chrétien?

LE COMTE.

Je vous le répète, et je suis sûr de l'assentiment de mes nobles parens, vous auriez toutes nos voix.

MONTALTE.

Mais si le ciel, pour me punir, m'imposait un pareil fardeau, avec une main si débile!... une santé si déplorable!... il faudrait que j'eusse autour de moi des amis dévoués qui consentissent à administrer pour le faible vieillard!... (*Souriant avec finesse.*) Vous ne me nommeriez souverain pontife que pour vous nommer vous-même...

LE COMTE, *à ses Parens.*

Vous l'entendez!... notre part eût été belle! (*Haut.*) Mais malgré notre inclination, si les Orsini ont un candidat... (*Un domestique entre. Le Comte, allant à lui avec impatience.*) Qu'y a-t-il? pourquoi nous interrompre?...

LUIDGI.

Ce sont deux étrangers qui demandent à être introduits; l'un d'eux dit que c'est pour affaire urgente.

LE COMTE, *à son fils.*

Serait-ce déjà quelque envoyé des Orsini!

FABIO.

Il faut les recevoir...

LE COMTE.

Messeigneurs, permettez-vous qu'on introduise ces étrangers? (*Signe d'assentiment. Au domestique.*) Faites entrer!

MONTALTE, *à part, sur l'avant-scène de gauche.*

Ce mariage avec les Orsini détruit tous mes plans... renverse toutes mes espérances!... mais comment empêcher ce malheur?... qui jeter à la traverse de ce projet?...

SCENE V.

FABIO, LES PARENS *en arrière,* LE COMTE CAMPIREALI, RANUCCIO, *que le domestique introduit avec* JULES, MONTALTE.

FABIO, *à son père.*

C'est notre homme de ce matin!

LE COMTE.

Ici! chez moi!... quelle audace!

MONTALTE, *à part, en souriant.*

Eh! c'est mon brave soldat de Lépante! Que vient-il faire ici?

LE COMTE, *allant à eux.*

Que puis-je pour vous, messieurs?

RANUCCIO.

Nous faire plaisir et honneur, seigneur comte; à charge de revanche!

LE COMTE, *avec impatience.*

Expliquez-vous promptement, vous voyez que nous sommes ici en famille...

RANUCCIO, *d'un ton bref et décidé.*

C'est justement d'une affaire de famille qu'il s'agit; je serai concis, et j'irai droit au but... je n'aime pas les préambules... Je suis Ranuccio, le capitaine Ranuccio, (*avec intention*) ami assez distingué de feu don Juan d'Autriche, surnommé l'Invincible, de retour depuis ce matin de la Turquie... par les Pays-Bas. Ce garçon est mon pupille, Jules!... qui n'est pas trop mal, je m'en flatte, et manie également bien le pinceau et l'espadon. Or, c'est pour ce beau garçon que je viens, sans cérémonie, vous demander la main de votre fille. J'ai dit; à vous de répondre.

MONTALTE, *à part, en riant.*

Quelle mouche a donc piqué mon brave ami Ranuccio?

LE COMTE.

Je ne reviens pas encore de mon étonnement?

FABIO, *s'avançant furieux près de Ranuccio.*

Quelle est cette insolence, messieurs?

RANUCCIO.

Un instant, jeune homme; ne nous fâchons pas, et pesez vos mots, s'il vous plaît. (*Se posant.*) Nous sommes ici des négociateurs... vous dites que nous sommes des insolens?... Qui donc?... est-ce moi? Don Juan, frère du roi d'Espagne, était d'assez bonne maison je pense, et il a cent fois serré cette main-là, que je ne donne pas à tout le monde, entendez-vous?... Est-ce lui? (*Montrant Jules.*) Oh! c'est que vous ne le connaissez pas!... eh bien, je vais vous dire qui il est, moi, et à lui aussi, car il ne s'en doute pas, le pauvre garçon... Vous rappelez-vous un brave entre tous, dévoué pour tous, terrible aux bandits (*appuyant*) de tout rang et de toute espèce... que l'on adorait ici... que les Orsini redoutaient, quoiqu'il fût seul contre toutes leurs bandes?

LE COMTE.

Voudriez-vous parler de Brachioforte?

RANUCCIO.

Justement... Peretti Brachioforte!

MONTALTE, *à part.*

Que dit-il?

RANUCCIO.

Eh bien! comte Campireali, je vous demande votre fille en mariage pour le fils de Brachioforte, que voici!

JULES.

Moi, son fils! dis-tu vrai, Ranuccio?

Ranuccio lui serre la main.

MONTALTE, *à part, regardant Jules.*

Lui! lui!...

A partir de ce moment, il ne doit plus le quitter du regard.

RANUCCIO, *souriant.*

A présent, messeigneurs, je crois que vous nous connaissez!

FABIO.

C'est donc alors le fils d'un misérable!

JULES, *arrêtant du bras Ranuccio, qui veut répon-*
dre et prenant le milieu de la scène.

Que ce nom vous soit sacré, monsieur, car c'est celui de mon père!

RANUCCIO.

Bravo!

JULES.

Vous m'avez cru ce matin un de ces caractères sans ressort et sans énergie, qui ne peuvent repousser le pied dont on veut les écraser; détrompez-vous, j'ai ma force dans mon cœur, dans mon épée!

RANUCCIO, *se frottant les mains.*

Il parle comme un ange, ce gaillard-là!

JULES.

J'ignorais en venant ici quelle était l'intention de mon ami.

RANUCCIO, *vivement.*

Ah! ça, c'est vrai; je ne la lui avais pas communiquée.

JULES.

Mais quoi qu'il ait pu dire et faire, je le tiens pour bien dit et fait... j'ai maintenant un appui, un nom que je révère... (*A Ranuccio.*) Merci, ami, merci de m'avoir révélé cette gloire! (*Au Comte, avec noblesse.*) Et c'est moi qui vous dis à présent: Comte Campireali, je vous demande Hélène pour femme.

FABIO, *à ses Parens.*

Pardon, seigneurs, de cette scène de folie et de dérision!

Il passe derrière Jules.

JULES, *arrêtant du geste le Comte, qui veut remonter la scène.*

Un dernier mot, monsieur le comte : J'aime Hélène, et je suis aimé d'elle.

FABIO, *qui se trouve à la gauche de Jules.*

Tu mens!

Silence.

JULES, *froidement.*

Celui qui dit un mot pareil sans mourir aussitôt, ne peut être que le frère de celle qui vous aime. (*Se tournant vers le Comte.*) Comte Campireali, je veux une réponse.

LE COMTE.

Hélène !... plutôt morte cent fois!

JULES.

La guerre donc pour la sauver!... la guerre, Fabio, à votre avidité, qui convoite les dépouilles d'une sœur; la guerre, comte, à votre ambition qui veut immoler votre fille; la guerre, vous dis-je, à tous, et recevez le serment que je fais de vous arracher votre victime.

Il sort le premier.

RANUCCIO, *saluant avec politesse.*

L'ami de feu don Juan d'Autriche l'y aidera de tout son pouvoir.

MONTALTE, *regardant Jules sortir.*

Lui !... oh! c'est le ciel qui me l'envoie... les Orsini auront fort à faire.

SCENE VI.

LES MÊMES, *hors* JULES *et* RANUCCIO.

LE COMTE.

Chers parens, cette étrange scène met trève à mes irrésolutions. Cardinal, faites-moi le plaisir de passer chez Mme la comtesse et de la préparer à nos projets. (*Montalte entre chez la Comtesse.*) Vous, mes chers parens, il se fait tard, vous restez au château cette nuit; demain nous nous reverrons.

Les Parens sortent.

LE COMTE, *revenant rapidement à Fabio et très-vite.*

Il viendra ce soir!

FABIO, *de même.*

Qu'il vienne pour la dernière fois!

LE COMTE.

Il faut feindre un voyage, un départ subit!

FABIO, *appelant.*

Matteo! Luidgi! (*Les deux domestiques entrent: à Matteo.*) Nos chevaux à l'instant; mon père et moi nous sommes obligés de partir.

LE COMTE.

Prévenez la comtesse et ma fille que cette nuit nous serons absens.

Matteo sort.

FABIO, *à Luidgi, en confidence.*

Toi, Luidgi, nous pouvons compter sur ton dévouement... va chercher ton arquebuse et fais bonne garde autour du château... cache-toi derrière les arbres de la route, sous les saules du bord du lac, et sur quiconque tenterait de pénétrer ici fais feu sans pitié; va.

LUIDGI.

Oui, monseigneur!

Il sort.

LE COMTE.

Hâtons-nous; nous rentrerons par le parc. En descendant, Fabio, prenez vos armes et apportez-moi les miennes.

FABIO.

Nous serons vengés, mon père!

Les valets ont emporté les candélabres.

SCENE VII.

HÉLÈNE. *La nuit est venue; elle sort avec précaution de sa chambre, tenant une petite lampe allumée.*

Ils s'éloignent!... Ces ordres que j'ai entendu répéter dans le palais sont bien réels, les chevaux sont prêts. (*Elle va à la porte du fond et l'entr'ouvre.*) Oui, les voilà tous deux à cheval... ils sont partis... Oh! le cœur me bat en pensant qu'après quinze jours d'attente, d'angoisses, il va pouvoir enfin s'arrêter sous cette fenêtre!... que j'entendrai sa voix!... O Jules! Jules!... mon Dieu, comme tu t'es emparé de mon cœur!... Ma mère est avec le cardinal... je puis lui faire connaître qu'il peut s'approcher sans danger; donnons-lui le signal convenu! (*Musique en sourdine; elle s'approche en tremblant, prend sa lampe et la montre à la croisée, à plusieurs reprises, en écoutant si l'on vient. Elle entend du bruit du côté de la fenêtre.*) Mon Dieu! j'ai frissonné!... qu'est-ce donc?... C'est à cette fenêtre!... Déjà lui peut-être qui m'annonce sa présence sous ce balcon... ah! oui... il aura aperçu la lumière!... oh! comme il est fidèle... jetons-lui mon bouquet, qu'il sache que je pense à lui, que je l'aime toujours. (*Elle va à la croisée et se dispose à jeter son bouquet; mais Jules, qui vient de l'escalader, se présente subitement à Hélène, qui jette un cri d'effroi.*) Ah!...

SCÈNE VIII.
HÉLÈNE, JULES.

JULES, *escaladant.*

Silence!... rassure-toi, Hélène, c'est moi!

HÉLÈNE, *avec un effroi marqué.*

Vous! vous ici... comment?

JULES.

Cette échelle de corde lancée d'une main sûre jusque sur ce balcon.

HÉLÈNE, *s'éloignant.*

Oh! j'ai peur, si près de vous!

JULES.

Ah! repoussez-moi donc aussi, pour qu'aucun malheur, aucune honte ne me manque aujourd'hui!

HÉLÈNE, *se rapprochant un peu.*

Que dites-vous, la honte?

JULES.

Oui, la honte qui fait rougir le front et brise toute énergie!... Ce matin votre frère et votre père sont venus chez moi, dans ma demeure, au délabrement de laquelle je n'avais jamais pensé, moi, et là, ils m'ont offert... ô souvenir plein de rage!...

HÉLÈNE, *allant à la chambre de sa mère.*

Mon ami, mon ami, calmez-vous!

JULES.

Ranimé par la présence d'un ami, qui m'a appris le nom de mon père, un nom pur, Hélène, un nom glorieux dans toute l'Italie, je suis venu demander votre main pour le fils du pauvre, mais courageux Bracchioforte!... Eh bien! ils ont insulté le nom de mon père.

HÉLÈNE.

Ah! pardon, pardon!

JULES.

En leur présence, l'indignation m'a soutenu, mais quand j'ai été seul avec Ranuccio... oh! alors, j'ai été lâche, Hélène, j'ai pleuré... (*Après une pause.*) Et je pleure encore!

HÉLÈNE.

Oh! je comprends les douleurs qui font pleurer une femme; mais celles qui arrachent des larmes à un homme, et à un homme comme vous, mon ami, elles doivent être bien horribles!

Elle s'assied sur le canapé.

JULES.

Eh bien! pourtant... il est une pensée... une pensée atroce, qui me fait plus souffrir encore.

HÉLÈNE, *naïvement.*

Laquelle, mon ami?

JULES, *s'agenouillant près d'elle.*

C'est qu'un jour, toi, si noble, si riche, Hélène, tu pourras aussi reprocher au pauvre Jules...

HÉLÈNE.

Oh! n'achevez pas, n'achevez pas!... Jules! mon Jules... ô! lisez dans mes yeux combien je vous préfère à toutes les fortunes, à toutes les grandeurs de la terre!... ne doutez pas de mon cœur, ami!... Oh! si je pouvais ramener la joie sur ce visage!... Jules, mon Jules, ne doute plus! (*après une pause*) car je t'aime!

Silence.

JULES, *relevant la tête avec une surprise mêlée de joie et de bonheur.*

Et mon obscurité, Hélène!

HÉLÈNE.

Je t'aime...

JULES.

Et ma misère!

HÉLÈNE.

Je t'aime...

JULES, *se relevant avec fierté.*

Orgueil des puissans, insolence des riches, levez-vous à présent contre moi!... je vous brave, car Hélène m'aime! Hélène vous dédaigne pour moi... (*Venant avec elle sur le devant de la scène.*) Oh! regarde, regarde à ton tour, comme il y a du bonheur sur ce front, de l'ivresse dans mes yeux.

HÉLÈNE, *résistant.*

Jules, Jules!...

JULES.

Oh! ne cherche pas à te soustraire à ma tendresse! Tu l'as dit, tu m'aimes!... tu m'aimes malgré ma pauvreté; à présent, tu es à moi, à moi qui jure de te protéger...

Il l'attire à lui.

HÉLÈNE.

Oh! grâce, grâce! je suis sans force contre ta joie, comme contre tes larmes!

JULES, *à voix basse.*

Oh! laisse-moi te voir... laisse-moi te contempler... que tu es belle!... Hélène!... mon Hélène adorée!...

En ce moment, on entend tinter au loin la cloche de l'Angelus qui se fait entendre en mourant jusqu'à la fin de la scène.

HÉLÈNE, l'arrêtant avec un effroi religieux.

Jules, écoute... c'est l'*Angelus!*... l'*Angelus*, qui sonne au couvent de Monte-Cavi... mon Jules, respecte celle que tout-à-l'heure tu as juré de protéger!... Oh! fais ce sacrifice à la mère de toute pureté... écoute!... les anges du ciel te prient avec moi... avec la sainte madone!

Elle tombe à genoux.

JULES, indiquant la croisée et écoutant.

La madone, dis-tu!... oui, c'est elle... elle me prie!... je reconnais sa voix! (*Avec enthousiasme.*) Eh bien! oui, ce sacrifice, je le ferai!... Tu es là, à mes genoux, ton cœur est sans défense... ta bouche n'oserait me refuser; mais, pauvre et inconnu, je n'avais rien à te donner, à toi qui m'as sacrifié titres et grandeurs, à toi qui m'as donné ton cœur et un amour qui rendrait un roi jaloux! Eh bien! moi, je te donnerai plus que titres et grandeurs!... je te donnerai ce que tu me demandes, et je te le donnerai sur une prière, sur un mot de toi!... Et dis maintenant, Hélène, si mon cœur sait aime rcomme le tien!

HÉLÈNE, avec reconnaissance.

Oh! oui, mon Jules, tu es un pur et noble cœur!

JULES, d'un ton solennel et montrant la croisée d'où arrivent les sons lointains de l'Angelus.

Mais à ton tour, jure ici, toi, que si jamais la violence voulait nous séparer, à mon premier appel tu viendrais te remettre en mon pouvoir, comme tu t'y trouves en ce moment!

HÉLÈNE.

Sur mon âme, je le jure!

JULES.

Et moi...

Bruit d'un corps qui tombe sourdement.

HÉLÈNE, se relevant avec effroi.

Silence!... N'as-tu pas entendu sur le lac un bruit... comme celui d'une chute?

JULES court à la fenêtre, et, après avoir regardé, revient à Hélène.

Non... le ciel est pur, et le lac est paisible...

En ce moment Ranuccio enjambe le balcon.

SCENE IX.

RANUCCIO, JULES, HÉLÈNE.

HÉLÈNE.

Ah!

Jules tire son poignard.

RANUCCIO.

Fuyez!

JULES, à Hélène

C'est Ranuccio!

RANUCCIO.

J'ai entendu des voix sur la terrasse, au-dessus de ce balcon...

JULES.

Ce sont des serviteurs de la maison.

RANUCCIO.

Non, je crois plutôt que c'est une embuscade

HÉLÈNE.

Grand Dieu!

RANUCCIO.

En bas un homme, près du lac, semblait épier ce qui se passait du côté de cette fenêtre.

HÉLÈNE.

Je tremble!

JULES.

Et cet homme...?

RANUCCIO.

Oh! celui-là n'est plus à craindre; puisse un père prévoyant lui avoir appris à nager!

HÉLÈNE.

Jules, il faut nous quitter!

JULES.

Tu le veux?... Adieu donc, mon amour!

HÉLÈNE.

N'oublie pas qu'à présent tu défends ma vie!

JULES, solennel.

Et toi, n'oublie pas tes sermens... (*Ranuccio est descendu le premier par l'échelle de corde; Jules le suit; lorsqu'il est déjà dehors du balcon, il adresse un dernier adieu à Hélène.*) Hélène, avant de te quitter, sur ce front que ta main a touché, un baiser, un seul!...

Hélène s'approche en tremblant, sa bouche va effleurer le front de Jules, lorsqu'un coup de feu part au-dessus de leurs têtes; Jules disparaît. Hélène, qui s'est vivement rejetée en arrière, reste un moment glacée de terreur.

HÉLÈNE, douloureusement.

Oh! ils l'ont tué, ils l'ont tué!...

Elle tombe sur le fauteuil

SCENE X.

HÉLÈNE, LA COMTESSE.

Au bruit de la détonnation, la Comtesse est entrée rapidement et s'est dirigée d'abord vers sa fille, puis vers la fenêtre, et, au cri d'Hélène, elle répond :

Non, ils ne l'ont pas tué, car la balle a frappé là!... (*Elle montre l'angle de la fenêtre.*) Cette échelle!... Oh! imprudente! imprudente!

Elle rejette l'échelle au dehors.

HÉLÈNE, revenant à elle.

Vous, ma mère!

LA COMTESSE.

Viens, viens!

FABIO, ébranlant la porte du fond qu'Hélène a fermée.

Ouvrez, Hélène, ouvrez!

LA COMTESSE, entraînant Hélène dans la chambre.

Viens avec moi, chère enfant, car c'est toi qu'ils tueraient.

SCENE XI.

FABIO *seul d'abord, puis* LE COMTE, LA
COMTESSE *et* HÉLÈNE.

*La porte cède aux efforts de Fabio, qui ne doit entrer que
quand celle de la Comtesse est tout-à-fait fermée.*

FABIO, *regardant.*

Personne !... (*Ouvrant la croisée.*) Point d'é-
chelle !... par quel moyen...? (*Au Comte, qui entre suivi de domestiques portant des flambeaux.*)
Eh bien, mon père...?

LE COMTE.

Nulle trace !... pas une goutte de sang !

FABIO.

Et Ludgi?

LE COMTE, *avec fureur.*

Disparu !... Mais la malheureuse qui nous
déshonore, où est-elle? où est-elle?...

FABIO.

Partie !... partie avec son ravisseur

LE COMTE.

Enfer !

LA COMTESSE, *entrant avec Hélène, qui se soutient
à peine sur son épaule, dit avec beaucoup de
calme et de sang-froid.*

Qu'y a-t-il donc, monsieur le comte?... quel
est ce bruit?... Vous avez failli faire mourir de
peur cette pauvre enfant, qui reposait près de
moi; voyez comme elle est pâle et tremblante !

Moment de silence et de surprise.

LE COMTE, *se tournant vers son fils, a l'air de
lui dire : nous sommes joués... Puis, il s'avance
vers Hélène, et d'une voix grave.*)

Hélène, dans huit jours, vous épouserez le comte
Octave Orsini.

Hélène tombe sur le canapé, accablée par cette parole.

ACTE DEUXIÈME.

*Intérieur découvert d'une hôtellerie d'Italie, sur la route d'Albano à la villa Orsini. A l'extérieur, petite haie; au-delà,
chemin creux, taillé dans des gorges arides, qui mène en montant au couvent de Monte-Cavi. A droite, cabinet avec
madone en saillie. A gauche, deuxième plan, porte masquée.*

SCENE PREMIERE.

MONTALTE, *puis* SCIOTTI.

MONTALTE, *entrant par la porte masquée, après
avoir regardé de tous côtés avec précaution, va
frapper à la porte à droite.*

Sciotti ! Sciotti !

SCIOTTI , *sortant des coulisses.*

C'est vous, monseigneur !...

MONTALTE, *sombre pendant toute la scène.*

Oui; je suis venu par cette entrée secrète, connue de toi seul et de moi.

SCIOTTI, *respectueux et dévoué.*

Que votre sainte présence fasse descendre la
bénédiction du ciel sur ma maison.

MONTALTE, *sévère pendant toute la scène.*

Ma commission?

SCIOTTI.

Est faite.

MONTALTE.

Le jeune homme?

SCIOTTI.

Il viendra.

MONTALTE, *à part.*

Dieu soit loué !

SCIOTTI.

Il viendra, mais accompagné.

MONTALTE.

Comment?

SCIOTTI.

De son fidèle condottiere... Après la surprise
d'hier, ils craignent une nouvelle embuscade.

MONTALTE.

Peu m'importe... (*Réfléchissant ; après une
pause.*) Ce vieux soldat lui est donc bien attaché?

SCIOTTI.

Il adorait le père; il adore le fils.

MONTALTE.

Est-ce que tu l'as connu ce Ranuccio?

SCIOTTI.

Autrefois, nous avons servi ensemble... (*plus
bas, avec intention*) sous l'autre...

MONTALTE, *l'interrompant.*

J'entends... et ce matin...?

SCIOTTI.

Nous avons renouvelé connaissance.

MONTALTE, *sévèrement.*

Mais tu n'as pas dit un mot?...

SCIOTTI.

Monseigneur connait ma discrétion.

MONTALTE, *sévèrement.*

Oui, et surtout je sais que je puis compter
sur elle.

SCIOTTI.

Monseigneur a donné au vieux Sciotti cette
hôtellerie, à ses enfans du pain, et la vie de leur
père; le vieux Sciotti ne l'oubliera jamais.

MONTALTE.

C'est bien.

Il remonte la scène.

SCIOTTI.

Monseigneur permettra-t-il à son serviteur dévoué de lui faire une question, à son tour ?

MONTALTE.

Parle !

Il redescend.

SCIOTTI, *bas.*

C'est aujourd'hui le 25 juillet !

MONTALTE.

Je le sais.

SCIOTTI, *avec mystère.*

L'anniversaire de la mort de notre malheureux capitaine Bracchioforte.

MONTALTE, *sombre.*

Il y a quinze ans, lâchement assassiné par les Orsini !

SCIOTTI, *après avoir regardé de tous côtés, et baissant la voix.*

Nos paysans demandent si le père Anselme viendra, comme tous les ans, dire la messe à la chapelle expiatoire, pour le repos de son âme ?

MONTALTE.

Il y viendra.

SCIOTTI.

Mais les Orsini ont juré de connaître le prêtre audacieux...

MONTALTE, *avec force.*

Il viendra, te dis-je... malgré les Orsini... (*après une pause*) seulement, dis à tes amis d'être prudents, et de se tenir prêts à tout.

SCIOTTI.

Soyez tranquille ; tous nos paysans font partie de quelque confrérie, ils seront bien armés, sous leurs habits de pénitens... Ma femme, qui est là (*il montre la chambre dont la croisée fait face au public*), prépare le mien et celui de mon fils.

MONTALTE.

Voici Jules et son fidèle compagnon ; laissenous, et va tout préparer pour l'entière exécution de mes projets.

Sciotti, avant de sortir, montre à Jules et à Ranuccio Montalte qui les attend.

SCÈNE II.

MONTALTE, RANUCCIO *et* **JULES,** *armés tous deux.*

MONTALTE, *après avoir toussé à plusieurs reprises, et repris son sourire habituel ; à Jules.*

Pardon, seigneurs cavaliers, de vous avoir dérangés...(*Voyant Ranuccio qui regarde avec défiance.*) Oh ! vous pouvez avancer sans crainte... je suis seul, absolument seul... n'ayez nulle défiance !

Il leur fait signe de s'asseoir à tous deux, et recommence à tousser.

RANUCCIO, *à part et passant à gauche.*

Oh ! tu as beau tousser, béquillard !... depuis que je t'ai rencontré chez les Campireali, je te connais... Hier, j'ai bavardé avec toi ; aujourd'hui tu seras bien fin si tu me fais desserrer les dents.

MONTALTE, *à Jules.*

Me reconnaissez-vous, jeune homme ?

JULES, *avec respect.*

Parfaitement, mon père : vous étiez hier chez le seigneur Campireali ; vous avez été témoin de l'outrage qu'ils m'ont jeté à la face.

MONTALTE.

J'ai été témoin de l'outrage et de la réponse que vous y avez faite ; votre noble hardiesse m'a gagné le cœur.

RANUCCIO, *à part.*

Ah ! tu crois nous prendre avec tes cajoleries. (*Haut et se posant.*) Enfin, monseigneur, où voulez-vous en venir ?

MONTALTE, *souriant.*

Patience, mon frère, patience !... avec la patience on arrive à tout. (*Il recommence à tousser. Ranuccio se croise les bras avec un mouvement d'impatience. Montalte se rapproche un peu.*) Voici ce dont il s'agit : le vieux Campireali désire avoir une entrevue avec vous aujourd'hui, et je me suis chargé de venir vous la demander.

RANUCCIO, *vivement.*

Nous refusons.

MONTALTE.

Pourquoi ?

RANUCCIO, *avec force.*

Un rendez-vous avec un Campireali ! c'est un guet-apens !

MONTALTE.

Après ce qui s'est passé votre défiance est naturelle ; mais un événement arrivé depuis hier dans sa famille a tout changé.

JULES, *vivement.*

Un événement ?...

MONTALTE.

Dont il veut vous faire part lui-même en ce lieu ; c'est un terrain neutre, comme vous voyez, et n'offrant aucun motif de crainte à chacun des deux partis... D'ailleurs vous êtes bien accompagné et assez bien armé, à ce que je puis voir.

RANUCCIO, *avec intention.*

D'après mon conseil, monseigneur ; c'est plus sûr !

MONTALTE, *à Jules.*

Ainsi donc, vous consentez ?

JULES.

Soit.

Il fait un signe à Ranuccio pour le calmer.

MONTALTE.

Il va venir.

JULES.

J'attendrai.

MONTALTE, *se rapprochant encore.*

Puisque nous avons encore quelques instans, permettez une question à un vieillard qui s'intéresse à vous... (*avec intention*) plus que vous ne pensez.

RANUCCIO, *à part.*

Mielleux, va !

JULES.

Je vous écoute.

MONTALTE, *avec dignité.*

Avez-vous songé, mon jeune ami, à ce que vous alliez entreprendre? Avant d'engager la partie où vous allez jouer le repos d'une maison, le bonheur d'une jeune fille, vous êtes-vous interrogé la main sur le cœur... vous êtes-vous demandé si vous aviez pour elle toute la loyale affection qui peut seule payer tant de sacrifices?

JULES.

Monseigneur!

RANUCCIO, *se levant.*

Laisse-moi répondre. Tu serais peut-être modeste. (*Il passe entre eux deux.*) Monseigneur, je l'ai questionné, moi, et je vous réponds que je crois plus à la loyauté de son amour, qu'à l'infaillibilité du... (*Se reprenant.*) Non, ce n'est pas cela que je voulais... (*S'embrouillant.*) Ah! si c'était... je ne dis pas, et ma foi... Pardon, vous ne savez peut-être pas ça dans votre état... mais c'est comme ça, voyez-vous, et quand une honnête fille vous a frappé dans la main en disant : Je compte sur vous!... Par Lépante et par don Juan! c'est sacré, ça... N'est-ce pas, Jules?

JULES, *lui serrant la main.*

Merci. Tu as deviné ma pensée.

MONTALTE, *à part en se levant et passant entre eux deux.*

Sa loyauté me décide. (*Haut.*) Pourtant j'ai connu autrefois, il y a bien vingt-cinq ans de cela...

RANUCCIO, *haussant les épaules.*

Allons, bon! voilà qu'il va nous raconter des histoires... pauvre tête, va!

MONTALTE.

Dans ce pays même deux jeunes gens; ils s'aimaient aussi d'un amour véritable... (*indiquant Jules*) comme le vôtre.... La jeune fille appartenait à l'une des familles les plus riches et les plus considérées d'Albano... (*même jeu*) comme Hélène... Par malheur le jeune homme, qui était de votre âge, n'avait pour lui que sa bonne mine et un caractère plein de résolution... ce n'était pas assez aux yeux du père; il refusa la main de sa fille.

Il tousse.

JULES, *avec le plus vif intérêt.*

Continuez, continuez, mon père, je vous prie.

MONTALTE.

Notre jeune amoureux comprit tout de suite qu'il n'y avait qu'un mariage secret qui pût les sauver et lui assurer la possession de celle qu'il aimait... il s'adressa à tous les couvens d'Italie, à tous les prêtres...

JULES, *vivement.*

Eh bien?...

MONTALTE.

Tous refusèrent, redoutant le courroux de la famille.

RANUCCIO.

Les capons!

JULES, *tristement.*

Et les amans ne purent être unis?

MONTALTE.

Pardonnez-moi! Il se trouva un moine, qu'on nommait, je crois, le père... le père Anselme.

RANUCCIO.

Le père Anselme!

MONTALTE.

Qui osa, lui, les marier!...

RANUCCIO.

Ah! il n'avait pas peur, celui-là!

MONTALTE, *souriant.*

Grande fut d'abord la colère des deux familles, comme bien vous pensez; mais après avoir jeté feu et flamme, le père finit par se calmer... (*Souriant*) car avec le temps tout s'arrange. (*Jules est resté pensif.*) Mais cette histoire est une exception, et n'a pas le moindre rapport avec la vôtre!

RANUCCIO, *à part.*

Qu'est-ce qu'il dit donc? c'est-à-dire que c'est absolument la même chose!

JULES.

Et ce moine, mon père, existe-t-il encore?

MONTALTE, *légèrement.*

Mais je ne pense pas qu'il soit mort; car il doit habiter les environs, et j'aurais su... (*Souriant.*) Mais je conte, je conte... la vieillesse est causeuse.

RANUCCIO.

Je m'en aperçois.

MONTALTE.

Adieu, mon jeune ami ; le seigneur Campireali va venir; je vous invite de nouveau à être fort, à vous raidir contre la destinée, et à savoir supporter les épreuves qu'il plaira au ciel de vous envoyer.

RANUCCIO.

Ainsi soit-il!

MONTALTE, *à part, en sortant.*

Saura-t-il me comprendre?

Il dit adieu et sort par la droite. Ranuccio reconduit Montalte et revient ensuite à Jules, qui paraît méditer profondément.

SCENE III.

RANUCCIO, JULES.

RANUCCIO.

En voilà-t-il un qui est bavard!... Hier on ne pouvait pas lui tirer une parole du ventre, aujourd'hui...

JULES, *vivement.*

Ranuccio...

RANUCCIO.

Eh bien?

JULES.

As-tu entendu?

RANUCCIO.

Quoi? le sermon de ce pauvre homme?

JULES.

Non... ce qu'il a dit de ces deux amans! Sais-tu quel est ce père Anselme?

RANUCCIO.

Est-ce que tu crois que j'ai été moine?

JULES.

As-tu entendu prononcer ce nom?

RANUCCIO.

Attends donc... il me semble... Mais pourquoi?

JULES.

Voici Campireali et sa suite, tais-toi... je te le dirai plus tard.

SCENE IV.

RANUCCIO, JULES, FABIO CAMPIREALI, VALETS, arrivant par la droite.

JULES.

Que vois-je!... Fabio!... Mais c'était votre père que l'on m'avait annoncé!...

FABIO, avec une colère sourde.

Mon père viendra à son tour; mon père parlera comme il convient à son âge... mais nous sommes jeunes tous deux... avant de causer avec le vieillard, vous devez désirer, il me semble, vous expliquer avec le jeune homme.

RANUCCIO.

Est-ce un piége?

FABIO.

Non, mais un duel!... Car tu ne penses pas, sans doute, que je laisse impuni ton insolent amour. Hier la présence de mon père m'a empêché de venger comme je le voulais l'outrage fait à ma famille; mais aujourd'hui je viens te demander satisfaction.

RANUCCIO.

Ah! c'est un cartel! Oh! c'est bien différent... jamais nous n'avons refusé pareille partie de plaisir. Où est votre second? (faisant le geste de ferrailler) nous ferons partie carrée.

JULES, à Ranuccio, sévèrement.

Ranuccio, tais-toi; c'est à moi qu'a été porté ce défi, c'est à moi de répondre. (A Fabio, avec modération.) Seigneur Fabio, votre fureur, je la conçois, et je l'excuse; mais à toutes vos injures, à toutes vos provocations, je ne répondrai qu'un mot: Vous êtes le frère d'Hélène, je ne me battrai pas avec vous.

RANUCCIO, vivement.

Ne pas te battre!... y penses-tu?

JULES.

Tais-toi, te dis-je!

FABIO.

Oh! laissez-le!... ne voyez-vous pas qu'il a trouvé un excellent prétexte pour colorer sa lâcheté?

JULES.

Seigneur Fabio!

FABIO, ne pouvant plus se contenir.

Oui, tu es un lâche, un misérable, et tu me prouves aujourd'hui que ton sang n'est pas plus noble que l'étoffe de ton pourpoint.

JULES.

Eh bien... (Se maîtrisant, et avec une intention marquée.) Eh bien, soit, je me battrai!

RANUCCIO.

Ah! à la bonne heure! je n'y comprenais plus rien.

JULES.

Vos armes?

FABIO, à un valet.

Piétro, mes pistolets de voyage!

Un valet apporte deux paires de pistolets*.

RANUCCIO, passant au milieu, et prenant deux paires de pistolets des mains de Piétro.

Un instant! comme témoin, c'est moi qui dois régler les conditions du combat. Il s'agit de savoir ici qui tirera le premier.

JULES, vivement.

C'est inutile; le seigneur Fabio est l'offensé; à lui de tirer le premier.

RANUCCIO.

Ah çà! mais...

JULES.

Je le veux.

FABIO.

A moi donc!

Ils se placent à distance.

RANUCCIO, passant à l'avant-scène de gauche.

Qu'est-ce que j'éprouve donc?... Est-ce que j'aurais peur?... Oui, j'ai peur, peur pour lui!

FABIO, ajustant Jules.

Que Dieu ait pitié de ton âme!

RANUCCIO, sans regarder.

Et la madone de sa tête! (Le coup part; Jules est immobile. Ranuccio se retourne et fait son compliment à Fabio.) Ah! bravo! bien visé! c'est tout ce que je vous demandais. A nous, à présent!

Il remonte au fond en se frottant les mains.

FABIO.

Damnation! ma main tremblait de colère, et cette arme a mal servi ma haine.

JULES, lentement.

Voyons si c'est la faute de l'arme ou de celui qui ne sait pas la manier.

FABIO, furieux et relevant fièrement la tête.

Fais donc, et jusqu'à la mort de l'un de nous deux!

JULES, avant de lever son pistolet.

Seigneur Fabio, vous portez la tête bien haute; quand j'ai essuyé votre feu, j'étais découvert.

FABIO, renfonçant son feutre.

Et moi, je resterai couvert en face de toi, manant!

* Il est important de donner à Jules et à son adversaire deux pistolets, dans le cas où l'un des deux ferait long feu. (Note des Auteurs.)

JULES, *l'ajustant.*

Fabio Campireali, saluez-moi !

Le coup part et renverse le chapeau de Fabio.

RANUCCIO, *vivement.*

Il a salué !

JULES.

Et à présent, croyez que celui qui a touché le feutre pouvait aussi facilement toucher la tête, si la tête lui eût servi de but.

Un valet a ramassé le chapeau de Fabio.

FABIO, *furieux.*

Une grâce ! une grâce, à moi ! et de toi !... oh ! défends-toi, défends-toi, mendiant, car j'ai soif de ton sang.

Il tire son épée.

JULES, *froidement.*

Vous m'assassinerez donc, car je ne tirerai jamais mon épée contre vous.

FABIO, *hors de lui.*

Défends-toi, te dis-je !

RANUCCIO, *prenant Fabio à bras-le-corps.*

Halte-là, mon gentilhomme ! Si vous avez tant envie de batailler, eh bien ! me voilà ! moi ! et je vous le jure, je ne m'amuserai pas à vous faire de quartier !

Il se place, l'épée à la main, en face de Fabio; Campireali paraît au milieu d'eux.

SCENE V.

RANUCCIO, JULES, LE COMTE CAMPI-REALI, FABIO.

LE COMTE.

Que vois-je ? un duel !

JULES, *froidement.*

Un duel, non; mais une leçon de politesse que je donne à votre fils.

FABIO, *furieux.*

Oh ! laissez-moi châtier comme il le mérite ce misérable qui insulte à l'honneur de notre famille.

LE COMTE.

Silence, mon fils, c'est moi que cet honneur regarde, et j'en suis meilleur juge que vous !

RANUCCIO, *à part.*

Eh bien ! à la bonne heure ! le vieux coq a du bon.

FABIO, *à part, et remettant son épée dans le fourreau.*

Une trève, puisqu'il le faut; mais je saurai te rejoindre.

LE COMTE, *froidement et avec dignité.*

Vous devez être étonné de ma modération, jeune homme. Certes, l'homme qui a osé lever les yeux sur la fille des Campireali devait s'attendre à payer de sa vie pareille audace ; mais à présent je puis sans danger vous laisser vivre. De ce pas, je vais à la villa Orsini, où mon fils va m'accompagner pour conclure le mariage de notre fille Hélène avec le jeune duc de Bracciano,

JULES, *à part.*

Qu'entends-je ?

LE COMTE.

Vous avez dit hier chez moi, devant tous, que vous étiez aimé d'Hélène Campireali... c'était un outrage, un outrage sanglant, que notre fille s'est chargée de repousser elle-même, pour l'honneur de sa famille et de l'illustre alliance que nous allions conclure. (*Étonnement de Fabio.*) Lisez ! (*Il lui remet une lettre.*) Vous connaissez son écriture ?

JULES.

Oui, seigneur.

LE COMTE, *avec fureur, à Fabio.*

J'en étais sûr.

Signes d'intelligence entre les deux Campireali, pendant que Jules ouvre la lettre d'une main tremblante.

JULES, *lisant.*

« Dans huit jours, je serai la femme d'un autre; cessez, je vous prie, toutes vos poursuites; nous ne pouvons être qu'étrangers l'un à l'autre, et puissiez-vous oublier jusqu'au nom d'HÉLÈNE CAMPIREALI. »

Il demeure accablé.

LE COMTE.

Vous le voyez, vous étiez au moins dans l'erreur; à présent, persistez-vous toujours à soutenir vos singulières prétentions ?

JULES, *parlant à peine.*

A présent, seigneur, je le reconnais, je n'ai plus aucun droit... J'avais cru à l'amour, à l'honneur... c'était un rêve !... A présent, vous n'entendrez plus parler de moi.

LE COMTE, *après un léger mouvement de joie.*

Que Dieu vous assiste ! (*Bas à Fabio.*) Nous en voilà débarrassés pour toujours ! (*Haut.*) A présent, mon fils, à la villa Orsini, où nous sommes attendus !

Ils sortent par la gauche.

RANUCCIO.

A la villa Orsini !... Oh ! je le saurai, car je ne les perds pas de vue.

Il les suit sans qu'ils s'en aperçoivent.

SCENE VI.

JULES, *seul.*

O mon Dieu ! mon Dieu !... A présent qu'ils ne sont plus là, je puis pleurer sans honte... en leur présence, j'étouffais, et il me semblait que ma poitrine allait s'ouvrir, brisée par les sanglots. Étrangers l'un à l'autre, a-t-elle dit ! (*Pleurant.*) Hélène étrangère à Jules !... est-ce possible ? et pourtant c'est écrit ! écrit de sa main... voilà bien les caractères chéris que tant de fois j'ai pressés de mes lèvres, lorsqu'ils m'assuraient de son amour; et aujourd'hui, ils proclament sa déloyauté et l'oubli des sermens les plus saints ! (*S'adressant à la madone.*) O sainte madone, comme tu m'as trompé !... Mais pourquoi t'en prendre à la madone, pauvre fou ? c'est toi qu'il faut accuser, toi qui as cru à la parole, à l'honneur d'une femme, toi, qui l'as laissée échapper, lorsque tu la tenais à ta merci et discrétion!

Il retombe près de la table et pleure, la tête dans ses deux mains.

SCENE VII.

HÉLÈNE, JULES.

En ce moment, on voit Hélène qui, faible, haletante, brisée de fatigue et de terreur, s'avance avec peine et vient tomber aux pieds de Jules

HÉLÈNE.

Jules! Jules!... toi! toi!...

JULES, *se retournant.*

Grand Dieu! Hélène! toi! seule en ce lieu!

Il la soutient dans ses bras.

HÉLÈNE.

Oui, moi, qui te disais hier: Si la violence me menace, je jure de m'y soustraire et de me remettre en ta puissance; et qui, menacée aujourd'hui par la violence, viens te dire: Jules, me voilà à tes genoux, comme hier, à l'heure de l'*Ave-Maria*.

Elle s'agenouille.

JULES.

Mais cette lettre!... cette lettre!

HÉLÈNE.

Oh! arrachée par les menaces de mon père!... (*Lui montrant son poignet meurtri.*) Tiens... vois!... il m'a brisée!...

JULES, *couvrant de baisers le bras meurtri d'Hélène.*

Oh!... et je t'accusais!... Oh! sois bénie pour ta présence! sois bénie, et pardonne-moi de t'avoir méconnue. (*Vivement.*) Mais qui t'a dit, pauvre ange, que je fusse en ce lieu?

HÉLÈNE.

Un moine.

JULES.

Un moine!

HÉLÈNE.

Oui, un moine inconnu, que j'ai rencontré près de ta demeure, et qui m'a indiqué cette hôtellerie.

JULES.

Voilà qui est étrange!... quelque espion sans doute, encore quelque trahison!... Mais que m'importe, à présent que je te vois, que je suis sûr de toi, de ton cœur? que me font Campireali et Orsini réunis? que me font les trahisons de ton père... les menaces de ton frère? Ton frère!... tiens, il était là tout-à-l'heure, m'adressant les injures les plus violentes, les provocations les plus amères... il brûlait de répandre mon sang; il a menacé ma vie, ton frère!...

HÉLÈNE.

Grand Dieu!

JULES.

Oh! rassure-toi. (*Avec tendresse.*) Il ne sait pas les liens qui m'attachent à lui; en vain il me provoquerait; ton nom et ton image sont là pour le défendre. (*Avec exaltation.*) Ton frère, je l'aime! oui, je l'aime en toi; ton frère, je lui pardonne! j'oublie ses torts, ses menaces, ses outrages, j'oublie tout pour toi, sa sœur, toi qui m'aimes!... (*Avec explosion.*) Est-ce que je ne suis pas payé de tout par ton amour?

HÉLÈNE.

Mais Orsini, Jules, Orsini!... dans huit jours je serai sa femme!

JULES.

La femme d'Orsini!... oh! que non pas!

HÉLÈNE.

Non, dis-tu?

JULES.

Non... si tu es la mienne aujourd'hui.

HÉLÈNE.

Ta femme!...

JULES, *avec force.*

Oui, il faut qu'un saint mariage...

SCENE VIII.

HÉLÈNE, JULES, RANUCCIO.

RANUCCIO, *vivement.*

Un mariage!... et avec qui?

JULES, *la découvrant.*

Avec elle, Ranuccio!

Il lui montre Hélène.

RANUCCIO.

Hélène Campireali?

JULES.

Non; mais mon Hélène, à moi, mon Hélène, qu'ils ont voulu me voler, et qui malgré eux m'appartient encore! mon Hélène, qui a tout quitté pour son époux!... Oui, ton époux!... car je le suis déjà devant Dieu! et il faut que je le sois, aujourd'hui, à la face des saints autels!

HÉLÈNE.

Aujourd'hui!...

JULES.

Il le faut, vois-tu, il n'y a plus que ce moyen de nous sauver!

HÉLÈNE.

Jules!...

JULES.

Hésiterais-tu?

HÉLÈNE, *très-émue.*

Non... mais cette union... qui la bénira?

JULES.

Oh! la madone nous viendra en aide!...

RANUCCIO.

Mais quel prêtre oserait braver la colère des
Orsini?... O père Anselme, toi qui n'avais peur
de rien, où es-tu?... voilà une belle occasion
de montrer ton courage!

SCENE IX.

HÉLÈNE, JULES; UN RELIGIEUX *de haute
taille et encapuchonné paraît à la porte du fond,
et doit être vu de profil;* RANUCCIO *à l'a-
vant-scène de gauche.*

LE RELIGIEUX, *d'une voix grave et sonore.*
Me voici; qui m'a appelé?

Mouvement.

RANUCCIO, *stupéfait.*
Le père Anselme!

HÉLÈNE.
Le moine de tout-à-l'heure!...

*Hélène et Ranuccio s'inclinent pendant toute cette
scène.*

JULES, *remontant un peu et d'une voix émue.*
Qui que vous soyez, mon père, je vous adjure
ici de m'entendre. Je suis Jules Brachioforte,
un soldat! un homme du peuple! celle que
j'aime, la fille des Campireali... on veut la sacrifier à une politique ambitieuse, à l'alliance des
Orsini! oserez-vous la sauver et nous unir?...
oserez-vous assumer sur votre tête la vengeance
de deux familles?

LE RELIGIEUX.
Je l'oserai.

Mouvement.

JULES, *avec joie.*
Et dans quel lieu?

LE RELIGIEUX.
A la chapelle expiatoire!

JULES.
A quel moment?

LE RELIGIEUX.
Dans une heure.

JULES.
Mon père, nous y serons.

*Jules s'avance vers lui, le religieux le retient d'un geste
et s'éloigne du côté du couvent.*

RANUCCIO.
O brave homme, va!... brave homme de père
Anselme!... je ne t'oublierai pas dans mes priè-
res!...

*Il le suit avec admiration, et reste un moment au fond
du théâtre.*

HÉLÈNE, *ramenant Jules, et vite.*
Jules, je n'irai pas.

JULES.
Que dis-tu?

HÉLÈNE, *vite.*
Je ne le puis.

JULES.
Pourquoi?

HÉLÈNE, *avec force.*
Et ma mère!... grand Dieu! ma mère! vou-
drais-tu d'un bonheur qui ferait son désespoir?...
ma mère! si tu savais comme elle m'aime!...
hier mon père m'aurait tuée; elle a menti, Jules,
menti pour me sauver! aussi, avant de venir ici,
je lui ai écrit...

JULES.
A ta mère!

HÉLÈNE, *vivement.*
Oui, elle sait que je fuis la tyrannie, mais
non pas sa tendresse; que, fidèle à mon serment,
j'ai cherché un refuge près de toi. Oh! qu'elle ne
puisse pas t'accuser de lui avoir pris son enfant!
laisse-moi retourner près d'elle et lui dire : Ma
mère, venez; Jules nous attend; venez bénir une
union qui sans vous ne saurait être heureuse!

Musique.

RANUCCIO, *rentrant vivement.*
Votre père! votre père!...

HÉLÈNE.
Mon père!...

RANUCCIO.
Avec votre frère; ils sont sur mes pas.

HÉLÈNE.
Je suis morte!

JULES, *tirant son poignard.*
Ne crains rien, chère Hélène, je suis là pour te
défendre.

HÉLÈNE, *égarée.*
Où nous cacher?

RANUCCIO, *montrant le cabinet.*
Là!... là!...

HÉLÈNE, *entraînant Jules.*
Oh! viens, viens!...

RANUCCIO.
Vite... les voici.

SCENE X.

LES CAMPIREALI, *au fond, parlent à leurs
valets;* RANUCCIO *devant la porte du cabinet,*
JULES, *dans le cabinet dont la fenêtre est ouverte et armé de son poignard.*

RANUCCIO, *tirant son épée.*
Qu'ils essaient maintenant de passer!

CAMPIREALI, *au fond.*
Avant de gravir la montagne, arrêtons-nous un
instant dans cette hôtellerie.

FABIO, *aux valets.*
Qu'on prenne soin de nos chevaux.

RANUCCIO, *à part.*
Nous sommes traqués... comment les faire sortir? (*A Sciotti, qui se dirige vers la porte de la
chambre.*) Où vas-tu?

SCIOTTI, *bas.*
C'est ce soir l'anniversaire...

RANUCCIO, *de même.*

Eh bien?

SCIOTTI, *bas.*

Pour aller à la chapelle, il faut à mon fils et à moi nos habits de pénitens.

RANUCCIO.

Vos habits de pénitens!... (*Comme frappé d'une idée.*) Voilà mon affaire... (*A Sciotti.*) Va-t'en.

SCIOTTI.

Mais...

RANUCCIO, *le poussant.*

Va-t'en!

FABIO, *apercevant Ranuccio.*

Ah! encore ici!

RANUCCIO.

Oui, seigneur, oui, encore ici.

FABIO.

Et votre protégé?...

RANUCCIO.

Il a renoncé à tout.

FABIO.

Il était si fier!

RANUCCIO.

Il est bien malheureux!

FABIO.

Je ne le plains guère.

RANUCCIO.

Ni moi non plus.

Les deux Campireali viennent s'asseoir à la table.

CAMPIREALI.

Orsini a désiré avancer ce mariage; je l'aime mieux ainsi... demain tout sera terminé.

RANUCCIO, *avec intention, au cabinet.*

Demain!

JULES, *bas à Hélène, qu'on ne voit pas.*

Tu l'entends, Hélène... demain, la femme d'Orsini... Et tu hésites encore?...

FABIO.

Il me semble qu'on a parlé... (*La fenêtre se referme aussitôt.*) Qui donc est là?

RANUCCIO, *élevant la voix.*

Là!... oh! sans doute ces deux bons religieux, venus pour voir la femme du pauvre Sciotti, qui est bien malade, et qui se rendent au couvent ici près, (*appuyant*) où on les attend... Il faut qu'ils se dépêchent, car la nuit vient, et ils arriveraient trop tard.

FABIO.

Et pourquoi ne sortent-ils pas?

RANUCCIO.

Je ne sais... le respect... et puis, sans doute, la crainte de déranger vos seigneuries...

LE COMTE.

Pourquoi?... qu'ils sortent; c'est à nous de leur livrer passage.

La nuit est venue; en ce moment la porte du cabinet s'ouvre, et deux religieux vêtus de blanc paraissent. Les Campireali se lèvent et se découvrent.

JULES, *bas à Hélène.*

Du courage!

LE COMTE, *saluant.*

Bon voyage, mes pères.

Hélène seule salue. Fabio fait un mouvement; Jules va se trahir. Ranuccio, qui les suit et qui s'en aperçoit, les sépare vivement des Campireali, qui redescendent la scène.

RANUCCIO.

Il est tard, mes pères; si vous le permettez, je vous accompagnerai, moi, pour qu'il ne vous arrive rien en route.

LE COMTE, *à Ranuccio.*

Ah! que votre ami se rappelle la promesse qu'il m'a faite... qu'il s'éloigne surtout!

RANUCCIO.

Messeigneurs, si ça ne dépendait que de moi, il serait déjà bien loin. (*Bas à Sciotti, en sortant.*) Occupe les valets... moi, j'emmène leurs chevaux, nous irons plus vite.

Il disparaît vivement par la gauche.

SCÈNE XI

LE COMTE, FABIO.

FABIO.

Mon père, n'avez-vous rien trouvé d'étrange dans les manières de ces deux moines?

LE COMTE.

Pourquoi?

FABIO.

N'avez-vous pas remarqué comme moi, que le plus grand a passé fièrement, et sans nous rendre notre salut?

LE COMTE.

Sans doute absorbé qu'il était par ses prières.

FABIO.

Je croirais plutôt que, de sa part, ç'a été méchante intention; car, sur un mouvement que j'ai fait vers lui, je l'ai vu porter vivement la main à sa ceinture, comme s'il cherchait un poignard.

LE COMTE.

Quelle idée!

FABIO.

J'ai regret à présent de n'avoir pas levé leurs capuces, nous aurions vu leurs visages.

LE COMTE.

La nuit est venue; il est temps de partir et de retourner au palais.

Ils se disposent à sortir.

SCÈNE XII.

LE COMTE, LA COMTESSE, FABIO, VALETS, *armés de flambeaux.*

LA COMTESSE.

Arrêtez, monseigneur!

FABIO.

Ma mère!

LE COMTE.

Que signifie, madame... ?

LA COMTESSE, *d'une voix émue.*

Avant de rentrer, il faut que je vous fléchisse, monseigneur: avant de rentrer, il faut que vous m'accordiez une grâce!

LE COMTE.

Une grâce!... et pourquoi venir me la demander ici?... est-ce le temps? le lieu, madame?... et ne pouviez-vous attendre mon retour.

LA COMTESSE, *avec intention.*

Non, car alors il eût été trop tard... (*appuyant*) c'est ici qu'il faut que je vous parle; c'est ici qu'il faut que vous m'entendiez... (*Avec autorité.*) Campireali, vous m'entendrez.

LE COMTE, *étonné.*

Eh bien! voyous, madame, finissons; que me voulez-vous?

LA COMTESSE, *avec prière.*

Je veux que vous me promettiez ici de renoncer à cette alliance avec les Orsini, alliance qui fait aujourd'hui le malheur de votre enfant, et qui, souvenez-vous bien de ce que je vous dis, fera notre malheur à tous!

LE COMTE.

Madame, il n'est plus en mon pouvoir de vous faire cette promesse.

LA COMTESSE.

Et pourquoi?

LE COMTE.

Mon fils et moi, nous revenons de la villa Orsini; à l'heure qu'il est, le duc de Bracciano a ma parole.

LA COMTESSE, *avec énergie*

Eh bien! vous la reprendrez!

LE COMTE

Reprendre ma parole!

LA COMTESSE.

Oui, vous la reprendrez!... et vous sauverez votre fille... (*Avec entraînement.*) Vous direz à Orsini: Cette alliance, je la voulais, parce que je la croyais possible, parce que je la croyais bonne et heureuse pour nos deux familles; mais ma fille souffre, ma fille est malheureuse... et je viens rompre avec vous... parce que je ne suis pas le bourreau de mon enfant!... (*Très-simplement.*) Voilà ce que vous lui direz.

LE COMTE.

Madame, la tendresse maternelle vous égare, et je m'étonne...

LA COMTESSE, *s'animant par degrés.*

Ah!... vous vous étonnez!... Comment donc! dans vos calculs ambitieux, un jour, vous me prenez ma fille... puis vous me la rendez... puis vous me la reprenez encore... et je me plains! et je réclame!... certes, je suis une mère bien folle, bien déraisonnable!... (*Avec résolution.*) Campi-

reali, vous avez cru que cette seconde séparation se passerait comme la première?... vous avez pensé qu'une longue absence aurait isolé la mère de la fille, la fille de la mère, et qu'elles ne se retrouveraient pas?... (*Avec force.*) Eh bien! non, monseigneur, elles se sont retrouvées toutes deux... J'ai pressé dans mes bras mon enfant, ma précieuse enfant; elle m'a tout dit, tout avoué... elle m'a ouvert son cœur en pleurant, et nous avons pleuré ensemble!

Elle pleure.

FABIO.

Eh quoi! madame, vous ne craignez pas de faire un pareil aveu devant mon père!... vous, vous, ma mère, la confidente de ma sœur et de sa honteuse passion!

LA COMTESSE, *avec autorité, à son fils.*

Et à qui donc, je vous prie, une fille doit-elle se confier, de préférence à sa mère? et d'ailleurs avait-elle au monde un autre sein pour pleurer, pour appuyer sa tête?... Son père, jamais elle n'a reçu de lui la moindre caresse... son frère... ah! depuis long-temps elle sait qu'elle n'en a plus... Mais sans moi, sans sa mère, mon Dieu! depuis long-temps elle serait morte!

LE COMTE.

Eh! non, madame, elle ne serait pas morte!... une fille ne meurt pas pour céder à la volonté de ses parens.

LA COMTESSE.

Prenez-y garde, Campireali; Hélène est douce et bonne, mais sa tête est ardente, et elle est votre fille!... Croyez-moi, ne la réduisez pas au désespoir... Voyons, écoutez-moi: cet homme que vous repoussez et qu'elle aime, eh bien! je vous promets, moi, qu'elle y renoncera... je vous promets même qu'il s'éloignera... je l'obtiendrai!... Mais de votre côté, je vous en conjure, n'imposez pas à votre fille un lien qu'elle déteste!... Donnez-nous du temps, mon Dieu! que je puisse lui parler, calmer sa jeune tête, lui faire entendre la voix de sa mère!... Un délai, monseigneur, accordez-nous un délai!

LE COMTE.

Demain, madame, tout sera terminé.

LA COMTESSE, *stupéfaite et tremblante.*

Demain!... que voulez-vous dire?

LE COMTE.

Que demain notre fille Hélène épousera Octave Orsini.

LA COMTESSE.

Demain!... demain! mais c'est impossible... mon Dieu! Vous ne savez donc pas! (*Avec désespoir.*) Mais c'est votre enfant aussi... et vous ne voudriez pas la sacrifier! (*Courant à son fils.*) Fabio, mon fils, c'est votre sœur!... Aidez-moi donc à fléchir votre père, aidez-moi donc à trouver des paroles qui aillent jusqu'à son cœur!

FABIO.

Moi! que je demande à mon père de rétracter

sa parole, de céder aux caprices d'une malheureuse qui déshonore notre famille! Jamais, madame, jamais...

LA COMTESSE.

Oh! vous êtes bien cruel, Fabio!... et Dieu ne bénit pas les enfans qui n'entendent pas la prière de leur mère!

LE COMTE, *remontant la scène.*

Assez, madame, assez! j'ai bien voulu écouter vos plaintes, parce qu'elles ne devaient rien changer à ma détermination... A présent, il se fait tard, il est temps de partir... et demain, de retour dans notre palais d'Albano, j'appellerai ma fille.

LA COMTESSE, *raillant.*

Oui... oui... Et demain, de retour dans votre palais d'Albano, vous appellerez votre fille... et la voix de votre fille ne vous répondra pas, car votre palais est désert, et vous n'avez plus de fille!

LE COMTE, *redescendant vivement avec son fils.*

Que voulez-vous dire, madame!

LA COMTESSE.

Je veux dire que, réduite au désespoir par vos rigueurs, poussée à bout par vos violences, votre fille a fui ce matin et vos rigueurs et vos violences!

FABIO.

Quelle audace!

LE COMTE.

O rage!

LA COMTESSE.

Voilà, voilà le malheur que je voulais vous épargner à tous deux. Quand je suis venue ici, si vous m'aviez entendue, j'aurais été lui porter votre pardon!... je lui aurais tendu les bras de loin, moi, et fût-elle en marche avec son ravisseur, vous auriez vu de quel côté elle aurait couru... (*Raillant.*) Mais vous n'entendez rien! vous ne voulez rien entendre! j'ai beau vous crier : Pitié pour moi, pour vous, pour l'orgueil de votre nom!.., vous êtes impitoyables! (*Avec explosion.*) Eh bien! recueillez donc ce que vous avez semé!

FABIO.

Mon père, elle ne peut être qu'avec son Jules! lui seul peut l'avoir enlevée!

LA COMTESSE, *les bravant.*

Oui, oui, elle est avec lui!... je le sais, moi! moi, à qui elle l'a écrit!... car ce n'est pas moi qu'elle a trompée, ce n'est pas moi qu'elle a fuie! (*venant au Comte*) c'est vous!... c'est votre effroyable tyrannie!

LE COMTE, *furieux, la prenant par le bras.*

Madame...

LA COMTESSE, *pleurant.*

Oh! quel mal pouvez-vous me faire à présent? vous m'avez pris ma fille.

LE COMTE.

Mais où donc s'est-elle réfugiée l'infâme!

MATTEO, *entrant.*

Madame, je viens...

Il s'arrête en voyant le Comte.

LA COMTESSE.

Tais-toi!

LE COMTE.

Parle, je te l'ordonne.

MATTEO, *après avoir hésité.*

Monseigneur.. j'ai fait des perquisitions comme Mme la comtesse me l'avait commandé.

LE COMTE.

Eh bien?

MATTEO.

On a vu la signora gravir la montagne.

FABIO, *vivement.*

La montagne!... elle a dû passer par ici... (*Se rappelant.*) Oui, oui... elle était là... ce matin...

Sur un geste du Comte, Luidgi entre chez Sciotti.

LA COMTESSE, *allant à la table.*

O mon Dieu, toi qui sais où elle est, daigne protéger ses pas.

LUIDGI, *ressortant.*

Monseigneur, je suis sûr que la signora n'est pas là... mais ce bracelet trouvé...

Il remet le bracelet au Comte.

FABIO.

Le bracelet de ma sœur! (*A Matteo.*) Vite, nos chevaux! (*Revenant à son père.*) Plus de doute... l'air railleur de ce vieux soldat en nous quittant... la démarche insolente du plus grand des deux moines... mon père, c'étaient eux !

LE COMTE.

Et à présent il l'enlève!

Il donne des ordres à Luidgi.

LA COMTESSE.

Mon Dieu! mon Dieu! que va-t-il arriver?

MATTEO, *rentrant, à Fabio.*

Monseigneur, les brides sont coupées, et vos chevaux ont disparu.

LE COMTE.

Mais c'est donc un enfer!

FABIO.

Mon père, je saurai bien les atteindre, moi... et toi Jules, tu vas me payer l'affront de ce matin. A moi, mes amis!

Il sort par la gauche, au premier plan, avec ses valets.

LE COMTE, *criant de loin à Fabio.*

Si tu la trouves, tue-la, Fabio.

LA COMTESSE, *se levant avec épouvante et courant à son époux.*

Au nom du ciel! révoquez cet ordre.

LE COMTE.

Laissez-moi, madame!

LA COMTESSE, *s'attachant à lui.*

Non, j'irai, moi... je lui parlerai... je la ramènerai.

LE COMTE.

Vous! vous!... vous voulez y aller!... Mais vous oubliez donc qu'elle n'est pas seule, madame! et moi, votre seigneur et maître, je vous ordonne de rester ici et d'attendre notre retour.

La Comtesse tombe à genoux sous la main du Comte, qui sort vivement par la gauche.

SCENE XIII.

LA COMTESSE, *seule, à genoux devant la porte et d'une voix mourante.*

Campireali! mon époux!... Fabio! mon fils... mais ils sont partis... ils ne m'entendent plus!... s'ils la trouvent, oh! je suis sûre qu'ils vont la tuer, et je n'ai pas la force... O malheureuse... malheureuse mère! (*Elle pleure; en ce moment on entend des cris et des arquebusades dans la montagne.*) Grand Dieu! l'aurait-il déjà trouvée!... Oh! c'est impossible... Allons!... Je ne le puis!... Mais à quoi donc me sert d'être mère, si je ne puis courir défendre mon enfant! (*A la madone.*) O sainte mère du Seigneur, il n'y a plus que toi qui puisses la sauver!

Musique. Elle tombe à genoux devant la madone. Nouvelles arquebusades. En ce moment on aperçoit Jules, qui, la dague au poing, descend la colline en soutenant Hélène.

SCENE XIV.

LA COMTESSE, JULES, HÉLÈNE

HÉLÈNE.

Je ne puis aller plus loin.

JULES.

Reviens à toi, ma bien-aimée!

HÉLÈNE, *sur le seuil.*

Oh! dans quel moment nous venons d'unir nos destinées!... Oh! Jules, sur toi du sang!

LA COMTESSE, *se retournant.*

Ah!

HÉLÈNE.

Ma mère!

Elle vole dans ses bras.

LA COMTESSE.

Mon enfant! mon enfant! (*Avec joie, en descendant la scène.*) Ils ne l'ont pas tuée!

HÉLÈNE, *montrant Jules.*

Grâce à lui, ma mère, grâce à lui!

LA COMTESSE.

Oh! soyez béni, vous qui me la rendez!... mais fuyez, fuyez leur colère; car ils vont revenir.

La Comtesse remonte au fond.

HÉLÈNE.

Ma mère a raison; fuis, Jules... à présent, tu es sûr de moi; fuis, mon bien-aimé!

LA COMTESSE, *au fond.*

Il n'est plus temps.

VOIX, *du côté de la montagne.*

Vengeance! vengeance!

LA COMTESSE.

Ils accourent!

HÉLÈNE.

Ma mère, ma mère, sauvez le!

JULES, *passant entre elles.*

Laisse-moi, je saurai bien me frayer un passage.

Cris à droite.

HÉLÈNE, *se cramponnant à lui.*

Mais c'est courir à la mort!

LA COMTESSE.

Et s'il reste, il est perdu!

HÉLÈNE, *avec désespoir, et venant sur l'avant-scène, à droite.*

Mais qui donc le sauvera, mon Dieu?

LE RELIGIEUX, *entrant par la porte masquée.*

Moi! (*Saisissant Jules, et lui montrant le passage secret.*) Par ici!

Il l'entraîne; les deux femmes restent stupéfaites.

HÉLÈNE, *volant dans les bras de sa mère.*

Sauvé, ma mère, sauvé!

On voit les valets de Campireali traverser le théâtre en courant, armés de flambeaux.

SCENE XV.

HÉLÈNE, LA COMTESSE, LE COMTE COMPIREALI, *l'épée à la main.*

LA COMTESSE, *tremblante pour sa fille, et se jetant au-devant de lui.*

Grâce! grâce!

Silence.

LE COMTE, *se croisant les bras avec une rage concentrée.*

Savez-vous que je n'ai plus de fils, madame?

LA COMTESSE, *éperdue.*

Fabio!

LE COMTE

Et savez-vous qui l'a assassiné?

LA COMTESSE, *avec horreur.*

Assassiné!

LE COMTE.

Brachioforte!

LA COMTESSE, *faisant un pas vers la porte masquée.*

Lui!

LE COMTE, *vivement.*

Vous l'avez vu?

Il regarde de tous côtés.

HÉLÈNE, *très-bas à sa mère.*

Ma mère, ce n'est pas lui!... s'il meurt, vous n'avez plus d'enfant!...

LE COMTE.

Eh bien! madame, vous ne répondez pas? l'avez-vous vu?

LA COMTESSE, *d'une voix éteinte.*

Non, non... je n'ai rien vu.

Elle regarde sa fille, qui lui baise les mains.

LE COMTE, *à ses valets.*

A la montagne! (*Avec intention.*) Le meurtrier ne nous échappera pas.

TOUS.

Vengeance! vengeance pour Fabio!

Ils sortent tous en courant par la gauche, excepté le Comte, qui regarde sa femme et sa fille.

ACTE TROISIÈME.

Intérieur des jardins du couvent de l'Ave-Maria, grille au fond; à droite, entrée d'une chapelle; à droite, jardin et banc.

SCÈNE PREMIÈRE.

LA COMTESSE CAMPIREALI, UNE RELIGIEUSE, *puis* **LA SUPÉRIEURE** (*costume bleu et blanc.*)

LA RELIGIEUSE, *à la Comtesse.*

Voici Mᵐᵉ la supérieure du couvent de l'Ave-Maria.

LA SUPÉRIEURE, *entrant.*

Pardon, chère et illustre parente, de vous avoir fait attendre, mais je faisais mes derniers adieux à l'une de mes enfans, qui m'est presque aussi chère que notre Hélène.

LA COMTESSE.

Une pensionnaire qui retourne dans sa famille.

LA SUPÉRIEURE.

Oh! je le voudrais, cette pensée adoucirait l'amertume de notre séparation; mais la pauvre Lucia de Mendello, ne quitte le couvent de l'Ave-Maria que pour entrer à l'abbaye de Castro, dont relève cette sainte maison; aujourd'hui, elle prononce ses vœux, et ce soir elle part pour aller s'ensevelir dans la sombre abbaye.

LA COMTESSE.

Ce soir?

LA SUPÉRIEURE.

Tels sont les ordres de l'abbesse souveraine; j'ai voulu obtenir un délai, elle a été inexorable.

LA COMTESSE.

Quelle rigueur!

LA SUPÉRIEURE.

Mais vous, chère parente, vous venez pour notre bonne et douce Hélène... (*A la Religieuse.*) Avertissez Hélène Campireali. (*La Religieuse sort.*) Oh! qu'il y a long-temps qu'elle ne vous a vue, qu'elle vous désire!... que votre présence va être du bonheur pour elle!

LA COMTESSE.

Puissiez-vous dire vrai! et je l'espère comme vous, si elle consent à se rendre aux vœux du comte... qui maintenant sont devenus les miens.

LA SUPÉRIEURE.

M. le comte n'a donc pas renoncé à ses plans de famille?

LA COMTESSE.

Aujourd'hui, moins que jamais, l'alliance avec les Orsini, long-temps le rêve de son ambition, est devenue chez lui une idée fixe... une idée de haine et de vengeance, qu'il n'a pu satisfaire sur l'homme qu'il croit le meurtrier de son fils, et qu'il poursuit jusque sur sa fille, cause innocente de ce cruel malheur!... et puis, une lettre du cardinal Montalte, dont depuis un an nous n'avions pas entendu parler, est arrivée subitement de Venise, où il vivait dans la retraite la plus profonde; à certains mots que le comte a laissé échapper en la lisant, j'ai cru comprendre que le souverain pontife n'avait plus que quelques jours à vivre... Le comte lui a répondu sur-le-champ, et en même temps un courrier a été envoyé aux Orsini; il faut qu'Hélène se prononce aujourd'hui même; il faut qu'elle consente à épouser Orsini, ou, je tremble d'y penser, une réclusion éternelle...

LA SUPÉRIEURE.

A Castro!... Oh! qu'elle consente, qu'elle consente, plutôt que d'entrer dans cette épouvantable abbaye!... Vous savez ce que naguère, et sous le sceau du plus profond secret, je vous ai raconté, en vous priant de m'en faire sortir?

LA COMTESSE.

Oui, et le souvenir seul de ces affreux mystères me glace de terreur.

LA SUPÉRIEURE.

J'aperçois notre Hélène; puisse son cœur se rendre à vos prières!

Elle sort; Hélène paraît.

SCÈNE II.

LA COMTESSE, HÉLÈNE.

HÉLÈNE, *en habit de pensionnaire.*

Ah! ma mère! ma mère!

LA COMTESSE.

Remets-toi, mon enfant, et par ton émotion, n'ajoute pas à celle que me cause cette entrevue.

HÉLÈNE, *avec bonheur.*

Ah! qu'il y a long-temps!... Oh! vos mains, vos mains!

Elle les baise à plusieurs reprises.

LA COMTESSE, *vivement émue.*

Mon Hélène chérie, combien je suis sensible à tes douces caresses!... Mais retiens le charme que tu as pour m'attendrir, car je serais faible, je pleurerais avec toi, et je suis venue, tu le sais, pour une affaire grave et sérieuse!

HÉLÈNE.

Oh! ma mère, si généreuse, si dévouée, en vous voyant, en sentant vos bras autour de moi!... vos lèvres sur mon front, j'avais tout oublié; je n'avais plus qu'une pensée... ma mère, du bonheur par ma mère!...

LA COMTESSE, *la faisant asseoir près d'elle sur un banc.*

Eh bien ! s'il est vrai que tu m'aimes, prouve-moi-le donc aujourd'hui; tu le peux, Hélène, écoute-moi... Ton père, qui avait juré de ne plus te voir, ton père va venir !

HÉLÈNE, *tremblante.*

Mon père !

LA COMTESSE.

Sa présence, n'est-ce pas toi qui l'as réclamée ?

HÉLÈNE, *caressante.*

Oh! c'était pour avoir la vôtre, dont j'étais privée depuis si long-temps !

LA COMTESSE.

Songe, ma fille, que de cette entrevue solennelle va dépendre ton bonheur, le mien, notre repos à tous... Ton père est irrité; ton père est malheureux ; il pleure tous les jours son fils bien aimé, un fils que la funeste passion...

HÉLÈNE, *vivement.*

Oh! ma mère, ce n'est pas lui, je le jure !

LA COMTESSE.

Je le crois, mon enfant; nous serions trop coupables, toi de l'aimer encore, moi, de ne pas le maudire !

HÉLÈNE.

Oh! ma mère! ma mère!

Elle sanglote dans ses bras.

LA COMTESSE.

Hélène, ma fille, pourquoi donc nourrir encore de folles espérances ?... Tu sais bien qu'à présent cet homme a fui l'Italie, qu'il n'y peut jamais reparaître?... lui-même par sa conduite ne t'a-t-il pas tracé la tienne? .. il a bien compris qu'à présent, tout était brisé entre vous, et jamais une lettre...

HÉLÈNE.

Oh! c'est vrai ! (*Avec désespoir.*) Et pourtant, il ne peut m'avoir oubliée, c'est impossible !

LA COMTESSE.

Eh! malheureuse enfant, qu'espères-tu donc ? je ne puis te le cacher, si aujourd'hui ton père te trouve rebelle à ses volontés, il est décidé à te faire prononcer des vœux !

HÉLÈNE, *avec terreur.*

Des vœux !... à moi, des vœux ! ..

LA COMTESSE, *se levant.*

Oui, des vœux éternels, irrévocables !... Hélène, songe donc, séparée de moi, de ta mère, toujours !... par un cloître, où jamais personne n'a pénétré !... Et sais-tu quelle est la femme qui commande dans cette abbaye de Castro?... la femme dont les volontés sont des lois, dont chaque arrêt souvent est un arrêt de mort?... c'est l'aïeule des Orsini !... des Orsini, dont tu repousses l'alliance... c'est l'âme, et comme le génie redoutable de cette puissante famille, dont, du fond de sa retraite, elle règle et dirige à son gré les plans ambitieux... Oh! malheur, malheur sur toi, ma fille, si, après un refus, qui se-

rait un outrage pour sa famille et pour elle, tu tombais entre les mains de sa vengeance !

LUIDGI.

Monsieur le comte arrive à l'instant au couvent de l'Ave-Maria.

LA COMTESSE.

Lui!... déjà !...

LUIDGI.

Il a demandé madame la supérieure !

LA COMTESSE, *tremblante.*

O mon enfant, il n'y a plus à balancer. Écoute, écoute ce que j'avais juré de ne jamais dire, et ce que la nécessité me force à te révéler. Tu sais que notre parente, avant d'être nommée, par le crédit de notre famille, supérieure de cette sainte maison, était à l'abbaye de Castro?... Hé bien! elle y avait une amie, une amie d'enfance, qui osa braver l'abbesse souveraine... Trois jours après, un mal inconnu la saisit; sous prétexte de lui prodiguer des soins, on la transporta dans une cellule écartée... l'infortunée! sa maladie fut bientôt mortelle; notre parente obtint de la veiller une nuit, la dernière de sa vie!... Agenouillée près de son lit de mort, elle priait en pleurant, lorsque tout-à-coup la malheureuse victime, recouvrant un éclair de force et de raison, pâle, amaigrie, dévorée par la souffrance, se tourna vers elle, et d'une voix dont l'agonie rendait les accens prophétiques : « Fuis, lui dit-elle, fuis les murs de ce cloître, car ces murs sont meurtriers! fuis cette cellule surtout, car cette cellule donne la mort! »

HÉLÈNE.

Grand Dieu !

LA COMTESSE.

Juge, après cette affreuse révélation que je tiens de notre parente elle-même, juge de mon effroi, en pensant que toi, mon Hélène, toi, mon enfant chéri...

HÉLÈNE, *faisant un effort.*

Eh bien! ma mère... eh bien! vous saurez tout...

LUIDGI, *annonçant.*

Monsieur le comte !

HÉLÈNE.

Mon père !

LA COMTESSE.

Silence !

Le Comte paraît ; il est sombre et vêtu d'habits de deuil. Hélène court au-devant de lui et fléchit le genou.

SCÈNE III.

LE COMTE CAMPIREALI, HÉLÈNE, LA COMTESSE.

LE COMTE, *sévère.*

Je conçois qu'en me voyant vous fléchissiez le genou, Hélène; je conçois que cette tête blanchie depuis un an, ce visage creusé par la douleur, vous ne puissiez les contempler sans honte... du-

rement) car cette douleur, Hélène, c'est vous qui
l'avez faite ; car ces noirs vêtemens de deuil, c'est
vous qui m'en avez couvert!

HÉLÈNE, *timidement.*

O mon père, mon père, pardonnez-moi!

LE COMTE.

Levez-vous! (*Elle se lève.*) Avant de vous par-
donner, je veux vous entendre.

HÉLÈNE, *bas à sa mère.*

O ma mère, je tremble!

LA COMTESSE.

Du courage, mon enfant, je suis près de toi!

LE COMTE.

C'est vous, Hélène, qui avez désiré ma présence... Parlez, qu'avez-vous à me dire?

HÉLÈNE.

Mon père, votre voix n'a jamais retenti si sévère à mon oreille, et dans des circonstances si
terribles... Oh! je suis bien coupable, si c'est moi
qui suis la cause première de votre douleur profonde et du coup affreux...

LE COMTE.

Dites l'assassinat!

HÉLÈNE, *avec de douces larmes.*

O mon père, que faut-il donc que je fasse pour
adoucir le chagrin de cette perte cruelle? Je sais
que je ne puis remplir dans votre cœur la place
que mon malheureux frère occupait ; je sais qu'en
le perdant vous avez perdu l'héritier de votre
nom, l'enfant sur lequel reposaient vos joies et
vos espérances... mais laissez-moi croire que cette
blessure ne sera pas éternelle, qu'un jour elle
pourra se fermer sous mes soins, sous mes caresses... mon père, mon père, pleurez votre fils,
mais n'oubliez pas qu'il vous reste une fille!...

LE COMTE, *sévèrement.*

Je puis m'en souvenir encore.

HÉLÈNE.

Oh! merci! merci!

LE COMTE.

Hélène, vous pouvez encore rentrer dans un
palais (*avec intention*) que vous n'auriez jamais
dû quitter, et reprendre votre place près de moi
et de votre mère.

LA COMTESSE.

Tu l'entends, ma fille, ton père revient à toi...
Sois bonne aussi, nous avons tant souffert!

LE COMTE.

Mais écoutez quelle est ma condition. Ce nom
de Campireali, ce nom qui va s'éteindre dans une
tombe... par votre faute, peut du moins mourir
avec éclat. Orsini...

HÉLÈNE.

Orsini!

LE COMTE, *sévèrement.*

Hélène!

HÉLÈNE, *suppliante.*

Mon père, le ciel m'est témoin que je voudrais
pouvoir vous satisfaire, même au prix de tout mon
sang; mais vous le savez...

LE COMTE, *plus sévèrement.*

Hélène!

HÉLÈNE.

Ce cœur que vous me demandez...

LE COMTE.

Hélène!

HÉLÈNE.

Il n'est plus à moi.

LE COMTE, *avec un cri de colère.*

Eh bien, vous oublierez!..... (*Sombre.*) Et moi,
n'ai-je pas aussi à oublier?...

HÉLÈNE, *avec désespoir.*

Mais moi, mais moi, c'est impossible.

LE COMTE, *avec colère.*

Impossible!

LA COMTESSE.

Oh! non, pas impossible, si tu songes à nous,
si tu songes à ta mère qui te supplie.

HÉLÈNE, *se dégageant de ses bras, et avec égare-
ment à sa mère.*

Ma mère... si je ne pouvais plus obéir?

LE COMTE, *la prenant par le bras.*

Oh! prends bien garde à ce que tu vas dire...
Je l'ai juré, vois-tu, Orsini sera mon gendre, et
si tu refusais de nous suivre aux autels...

HÉLÈNE, *d'une voix éteinte.*

Avant d'y arriver, je mourrais...

LE COMTE, *hors de lui.*

Eh bien! je t'y traînerai morte!

HÉLÈNE.

Préparez donc ma tombe, car depuis un an...

LE COMTE.

Depuis un an...?

HÉLÈNE, *après avoir hésité, en regardant sa mère.*

Je ne suis plus libre!

LE COMTE.

Que dis-tu?

HÉLÈNE.

Je suis... je suis mariée.

LE COMTE, *tirant son épée en poussant un cri
terrible.*

Mariée, mariée au meurtrier!

LA COMTESSE, *passant entre sa fille et son époux,
en poussant un cri.*

Oh! ne la tuez pas! (*Revenant à sa fille.*) A
présent, c'est le seul enfant qui nous reste. Oh!
vous êtes sans pitié!... voyez! voyez!

Hélène, pâle et brisée, tombe dans les bras de sa mère.

LE COMTE.

Sans pitié, dites-vous... et pourtant elle vit!...
sans pitié!... et je ne l'ai pas écrasée de ma colère!... (*A sa fille.*) Réponds-moi quand s'est
fait ce mariage?

HÉLÈNE.

La nuit... mon père... la nuit... où j'avais
fui!...

LE COMTE.

La nuit du meurtre de ton frère, infâme!...
mais non, tu mens!

HÉLÈNE.

Ah!...

LE COMTE, *avec fureur.*

Aucun prêtre, dans l'Italie entière, n'aurait été assez hardi!... son nom, son nom, à ce prêtre!

HÉLÈNE, *à voix basse.*

Le père Anselme!

LE COMTE.

Le père Anselme!

HÉLÈNE.

Du couvent de Monte-Cavi...

LE COMTE

Du couvent... (*Frappé d'une idée subite.*) Le prieur est ici... oui... je l'ai aperçu... en entrant... il venait pour la prise du voile de Lucia de Mendello... il saura te confondre. (*Remontant la scène.*) Holà! quelqu'un! (*Entre Luidgi.*) Qu'on dise au prieur du couvent de Monte-Cavi de se rendre ici à l'instant même. (*Luidgi sort, le Comte redescend.*) Oh! oui, c'est une fable que tu inventes, là, sur l'heure, pour nous tromper, ta mère et moi.

HÉLÈNE

Mon père, je vous jure...

LE COMTE, *s'avançant sur elle avec menace.*

Ne jure pas!... mais prie Dieu alors que ce soit un mensonge de ton amant!... une odieuse comédie qu'il a jouée pour t'abuser... car si c'était vrai! oh! malheur! malheur!

SCENE IV.

LE PRIEUR, LE COMTE, LA COMTESSE, HÉLÈNE.

LE PRIEUR, *digne et calme.*

Vous m'avez fait demander, monseigneur?

LE COMTE, *pouvant se contenir à peine.*

Vous êtes prieur de Monte-Cavi?

LE PRIEUR.

Oui, monseigneur!

LE COMTE.

Vous connaissez tous les noms de vos religieux?

LE PRIEUR.

Tous!

LE COMTE.

Le père Anselme?...

Hélène attend sa réponse avec anxiété.

LE PRIEUR.

Ce nom m'est inconnu!

LE COMTE, *avec joie et regardant sa fille.*

Ah!

HÉLÈNE.

Grand Dieu!

Elle continue à écouter.

LE PRIEUR.

Il y avait autrefois un religieux qui s'appelait ainsi... (*Hélène espère.*) Mais il est mort il y a deux ans; depuis lors aucun de nos frères n'a porté ce nom.

LE COMTE, *regardant sa fille.*

Et vous êtes bien certain de ce que vous affirmez?

LE PRIEUR.

C'est moi qui, chaque année, envoie au cardinal Farnèse le relevé de tous les ordres religieux qui existent dans les états romains, pour être mis sous les yeux de sa Sainteté; je le répète, ce nom n'est pas sur nos tables de recensement.

HÉLÈNE, *avec désespoir.*

Oh! c'est impossible!... mon Dieu!

LE COMTE.

Et vous signeriez cette déclaration?

LE PRIEUR.

Quand vous le désirerez, monseigneur!

LE COMTE.

A l'instant même; mes tablettes, Luidgi.

Luidgi donne les tablettes du Comte, le Prieur écrit, le Comte regarde sa fille.

HÉLÈNE, *tombant sur le sein de sa mère en sanglotant.*

Oh! ma mère, ma mère, on nous a donc trompés!

LE COMTE, *revenant au Prieur, qui écrit, et indiquant de la main.*

Signez! (*Le Prieur signe et rend les tablettes.*) Je vous remercie... (*Élevant la voix, au Prieur.*) Voulez-vous dire à Mme la supérieure que deux pensionnaires, au lieu d'une, prendront le voile aujourd'hui?

HÉLÈNE.

Le voile!

LE COMTE, *sans la regarder.*

Je lui ai parlé en entrant, elle me comprendra. (*Il descend la scène; le Prieur sort; à la Comtesse.*) Vous, madame, allez tout préparer pour cette sainte cérémonie. (*La Comtesse veut faire une observation.*) Madame, m'avez-vous entendu?

LA COMTESSE.

Mais Hélène...

LE COMTE.

Hélène m'obéira.

Il lui ordonne de sortir.

SCENE V.

HÉLÈNE, LE COMTE.

LE COMTE, *venant à Hélène, la saisissant par le bras et à demi-voix.*

A présent, tu vas tout savoir... Ah! tu as cru que, comme toi, j'oublierais les morts! tu as cru que, quand la tombe serait fermée, le sang de ton frère ne crierait plus?... Non, non, ma vengeance veillait dans l'ombre et guettait l'assassin; du fond de mon palais, je le suivais, ton Jules!... en Espagne, à Naples, à Venise!... Partout, loin de lui, j'avais l'œil sur lui; partout je semais les espions sur ses pas... Les lettres qu'il tentait de te faire parvenir, interceptées par moi, venaient en-

core nourrir et réchauffer ma colère... long-temps
il s'est soustrait à ma vengeance... long-temps il
a trompé ma haine... mais enfin, il vient de remettre les pieds dans les États romains.

HÉLÈNE, *avec un cri de joie.*

Il revient!

LE COMTE.

Oui, il revient!... et malédiction sur son retour! car c'est un piége que je lui tendais, et il y
est tombé... il revient... non pas en Italie seulement, mais ici... au couvent de l'Ave-Maria, pour
te voir à jamais perdue pour lui! pour être livré
aux sbires qui, par mon ordre, entourent déjà
ces lieux.

HÉLÈNE.

O ciel!

LE COMTE, *tirant un parchemin scellé.*

Tiens, vois-tu ce papier?... c'est son arrêt de
mort!

HÉLÈNE.

Sa mort!... O mon père, grâce! grâce!

LE COMTE, *lui prenant les deux mains, dit lentement et comme s'il réfléchissait.*

Grâce, dis-tu? grâce!... Ecoute, il peut vivre
encore; oui, il vivra! (*Avec solennité.*) Je le jure
par le sang répandu de mon fils!... mais il faut
qu'il perde à jamais l'espoir d'être à toi... il faut
qu'il te retrouve mariée à Orsini.

HÉLÈNE.

Mariée à Orsini!

LE COMTE, *vivement.*

Ou à Dieu!... choisis à l'instant... à l'instant
même.

HÉLÈNE, *après une douloureuse hésitation.*

Eh bien! que ce soit à Dieu, mon père, et que
Jules vive!

LE COMTE, *après une pause.*

Il vivra!... j'ai juré par le sang de mon fils!...
(*Avec rage.*) Mais la douleur de ton Jules, à qui
je te ravis pour toujours... mais les regrets, les
éternels regrets qui attendent ta vie, et que tu as
préférés à la gloire de ton père... voilà ce qui me
vengera de toi.

HÉLÈNE, *se cramponnant à lui.*

Mon père, mon père!

LE COMTE.

Laissez-moi.

HÉLÈNE.

Mon père!

LE COMTE, *la rejetant.*

Vous n'êtes plus rien pour moi!

SCENE VI.

HÉLÈNE, LA COMTESSE, *rentrant de l'autre
côté de la chapelle;* LE COMTE, *à l'avant-
scène de gauche.*

LA COMTESSE.

Eh bien! ma fille!

LE COMTE.

A Castro! madame... à Castro!... c'est elle qui
l'a voulu!

LA COMTESSE.

O mon enfant, c'est la mort!... Rétracte toi, il
en est temps encore.

HÉLÈNE, *pleurant.*

Ma mère, il me semble qu'ainsi je serai moins
séparée de lui.

SCENE VII.

HÉLÈNE, LA COMTESSE, LE PRIEUR, LA
SUPÉRIEURE DU COUVENT, LE COMTE,
sombre et rêveur.

La Supérieure paraît sur les degrés de la chapelle, deux
religieuses couvrent Hélène du voile et de la couronne
de mariée.

LA SUPÉRIEURE, *venant à Hélène.*

Pauvre Hélène!

HÉLÈNE, *à sa mère, qui la soutient en pleurant.*

O ma mère, si je ne dois plus vous revoir, pitié
et pardon!

LA COMTESSE.

Si tu es malheureuse, ce n'est pas toi qui souf-
friras le plus.

On entend sonner les cloches du couvent; bientôt Hélène,
soutenue par sa mère, s'avance vers la chapelle; le vieux
Campireali passe pour aller au-devant de ses parens
qui arrivent par la droite, et entre avec eux dans la
chapelle; on ouvre les grilles du fond; le peuple, selon
l'usage, se précipite en foule avec toutes les marques
du plus profond respect, pour être témoin de la prise
de voile, et l'on ferme les portes de l'église. Musique.
En ce moment, deux étrangers enveloppés de leurs
manteaux paraissent au fond, examinent quelque temps
la grille du couvent restée ouverte, et s'avancent, avec
précaution dans les jardins; c'est Jules et Ranuccio.

SCENE VIII.

JULES, RANUCCIO.

JULES, *avec exaltation.*

C'est ici, Ranuccio! si l'on ne m'a pas trompé,
c'est ici que nous devons la retrouver, après un an
d'exil et de combats.

RANUCCIO.

Ah! tu es un peu changé! blessures de ba-
tailles... mais tu n'en es que plus terrible, plus
martial, les femmes aiment ça.

JULES, *ôtant son chapeau.*

Salut, sainte demeure! salut, asile de calme et
d'innocence où je vais revoir mon Hélène, mon
épouse chérie, dont je ne serais pas séparé aujourd'hui sans toi, cruel ami.

RANUCCIO.

C'est à dire, sans moi, ce n'est pas exact; car
sans moi, Fabio te tuait; et c'est alors que vous
étiez bien séparés!... Heureusement j'étais là!...
Tiens, ça me fait de la peine qu'il soit mort!...
mais franchement, j'en aurais davantage si c'était
toi... ou moi.

JULES, *avec bonheur.*

Ranuccio, qui l'aurait dit, que je reviendrais lorsqu'il y a un mois à Venise...?

RANUCCIO.

Tu paraissais vouloir te faire moine!... Un capitaine des armées d'Espagne!... Par Lépante! belle idée que tu avais là, et pour laquelle tu avais eu soin de ne pas me consulter!

JULES.

Que veux-tu? la vie pour moi était devenue un fardeau. Désespéré et cédant à la fatalité qui me poursuivait, j'entre un soir au couvent des Dominicains, et là, au fond d'un sombre confessional, j'entends une voix que je crois reconnaître, la voix du moine qui m'avait sauvé dans l'hôtellerie, et qui me dit : Jeune homme, pourquoi désespérer de la vie? Tu te plains, et ton Hélène est vivante! Fils de Brachioforte, lève-toi, car le temps de ton exil va finir; le saint pontife Grégoire voit sa fin arriver, lève-toi!... et à la faveur des désordres de l'interrègne, retourne dans les états romains. Là, pendant que tes amis travailleront à obtenir ta grâce, cache-toi, et attends dans l'ombre l'occasion de reprendre ta bien-aimée.

RANUCCIO, *regardant de tous côtés.*

C'était un bon conseil!... et tu le suis joliment.

JULES.

A peine ai-je mis le pied sur les états romains, qu'une main inconnue, la même sans doute qui a semé ses bienfaits sur ma route pendant tout ce temps d'exil et de guerres, m'écrit qu'Hélène est pensionnaire au couvent de l'Ave-Maria. (*Avec bonheur.*) Et voilà que je suis au couvent de l'Ave-Maria!... et voilà que je suis près d'Hélène!... Oh! Ranuccio, que la vie est belle et qu'il fait bon de vivre!...

RANUCCIO.

Surtout quand on n'est pas moine.

En ce moment, on entend l'orgue de la chapelle.

JULES, *qui a été écouter à la porte de la chapelle.*

Ranuccio, écoute... Elles sont à la chapelle.

RANUCCIO.

Pour cette prise de voile sans doute.

JULES.

C'est là que je la vis pour la première fois; c'est là que je vais la revoir encore.

RANUCCIO, *l'arrêtant.*

Imprudent!... attends la nuit du moins... si l'on allait te reconnaître!... cette condamnation qui plane sur ta tête!...

JULES.

Ils n'oseraient pas, pendant la maladie de Grégoire et dans un pays tout plein du nom de mon père!...

RANUCCIO, *vivement.*

Mais où tout tremble devant les Orsini!

JULES.

Si le saint père meurt, mille bras se lèveront pour me défendre!

RANUCCIO.

Mais si le saint père ne meurt pas?... qu'est-ce qui bougera?

JULES.

Il faut que je la voie, te dis-je! il faut qu'elle sache que j'ai touché le sol d'Albano.

RANUCCIO.

Va donc, puisque tu le veux, mais sois prudent!

JULES.

Sois tranquille.

Il entre dans la chapelle. Musique.

SCENE IX.

RANUCCIO, *et bientôt après* **MONTALTE**, *venant de l'intérieur à droite.*

RANUCCIO, *redescendant.*

Moi, je reste ici, à l'arrière-garde, pour protéger la retraite. Mais qui vient là?

MONTALTE, *tenant un papier à la main.*

Grand Dieu! que viens-je d'apprendre! Campireali en ces lieux!

RANUCCIO, *à part.*

Eh! c'est le petit béquillard!

MONTALTE, *se retournant.*

Vous ici!

RANUCCIO.

Pourquoi pas?

MONTALTE.

Comment êtes-vous entré?

RANUCCIO.

Avec tout le monde... par la porte.

Il montre la grille.

MONTALTE, *regardant la grille.*

Ouverte?

RANUCCIO.

A cause d'une prise de voile.

MONTALTE.

Une prise de voile!... Oh! c'est elle! c'est elle!...

RANUCCIO.

Qui? elle?

MONTALTE.

Hélène Campireali!

RANUCCIO, *avec un cri.*

Hélène!... elle prend le voile!...

MONTALTE, *montrant une lettre.*

Cette lettre de son père.

RANUCCIO.

Grand Dieu! et mon pauvre Jules!

MONTALTE.

Où est-il?

RANUCCIO.

Là!

MONTALTE.

Dans la chapelle!... Oh! il est perdu!

RANUCCIO.

Perdu!... C'est ce qu'il faudra voir!...

MONTALTE.

Les Campireali y sont pour l'arrêter.

RANUCCIO, *avec force.*

Et j'y serai, moi, pour le sauver.

Il s'élance dans l'église; toute cette scène doit être dite vivement.

SCENE X.

MONTALTE.

Mon Dieu, puisse-t-il réussir!... Mais j'y songe! la mort de Grégoire! si l'on pouvait... (*Bruit et rumeur dans la chapelle.*) Grand Dieu! quel tumulte, quelle confusion!... Lui!... lui!... il arrache le voile!... Oh! il est perdu!...

Dans l'intérieur de la chapelle on entend les cris du peuple, qui se précipite épouvanté.

RANUCCIO, *courant se mettre devant la grille, leur barre le passage.*

Arrêtez, lâches! arrêtez!... c'est votre ami à tous, c'est le défenseur du peuple, le fils de Brachioforte que vous abandonnez!...

Mais le tumulte continue; les parens, les valets descendent en désordre les marches de l'église, et garnissent la gauche de la chapelle, puis la comtesse, puis Campireali tenant sa fille par le bras.

VOIX, *dans l'intérieur.*

Arrêtez!... arrêtez!... c'est la fille de Dieu!...

LE COMTE.

Elle a prononcé ses vœux!...

JULES, *pâle, les cheveux épars, tenant son épée d'une main et le voile d'Hélène de l'autre, s'écrie d'une voix tonnante, du haut des marches de la chapelle.*

Ses vœux, je les brise!...

LES PARENS *et* LE PEUPLE.

Oh!... impiété!...

JULES.

Elle n'avait pas le droit de les faire.

TOUS.

Oh!

JULES, *avec force.*

Non, elle ne l'avait pas!..... (*Mouvement général.*) Hélène Campireali, je vous adjure ici, en présence de tous, de dire si dans la nuit du 25 juillet, dans la chapelle expiatoire, un prêtre n'a pas uni nos mains et nos destinées?

LE COMTE, *s'avançant vers les degrés de la chapelle.*

Mensonge, vil imposteur, mensonge! Tiens, ose donc renier ce témoignage sacré!

Il lui donne les tablettes signées par le Prieur.

HÉLÈNE, *pleurant.*

O Jules, Jules! on nous avait trompés!

JULES, *après avoir lu et jetant les tablettes du Comte que ramasse un valet, passe vivement près d'Hélène, ce qui force le Comte à descendre à l'avant-scène de gauche, où il est retenu par ses parens et par Montalte. Les sbires garnissent les degrés de la chapelle.*

Et que m'importe à moi la trahison des hommes? Ne sommes-nous pas unis dans le ciel? Que m'importe qu'un moine n'existe pas? en as-tu moins reçu mes sermens devant Dieu, moi les tiens? Non, non, tu es à moi, comme je t'appartiens, et à présent nulle puissance sur la terre ne peut nous séparer!... Ose, Hélène, ose dire que tu n'es pas mon épouse dans ton cœur?

HÉLÈNE, *tombant à genoux devant lui.*

Oh! grâce, grâce! Si tu savais tout ce que j'ai souffert!

JULES.

Oh! oui, je le devine, il a fallu bien te torturer pour t'amener là. Oh! n'est-ce pas, ils t'ont bien tourmentée? (*Avec douceur à la Comtesse, qui pendant toute cette scène le supplie avec anxiété.*) Pas vous, madame! pas vous!... (*Regardant les Campireali et plantant fièrement son épée entre eux et lui.*) Mais ils n'en ont pas encore fini avec moi, si tu m'aimes.

Mouvement d'indignation des Parens.

LE COMTE.

Que dit-il?

JULES.

Hélène, ne regarde pas ton père... tu es ici devant moi... M'aimes-tu encore?

LE COMTE.

Insolent!

HÉLÈNE, *se jetant devant lui.*

O mon père, vous avez juré qu'il vivrait!

JULES.

Hélène, laisse-les. M'aimes-tu?

HÉLÈNE.

Mon Dieu! mon Dieu! pardonnez-moi!

JULES, *la pressant.*

Hélène, m'aimes-tu?

HÉLÈNE, *avec explosion.*

Oui... oui, je t'aime!... mais fuis... fuis leur colère.

Et rougissant de l'aveu qu'elle vient de faire, elle cache sa honte dans le sein de sa mère.

JULES.

A présent je puis partir!...

LE COMTE, *hors de lui et s'échappant des mains qui le retiennent.*

Ah! son insolence m'a délié de mes sermens!

Il fait un mouvement vers Jules.

MONTALTE, *qui pendant toute cette scène a essayé vainement de calmer le Comte, se jette entre lui et Jules.*

Arrêtez!... (*A voix basse.*) Grégoire est mort! et l'interrègne commence!

RANUCCIO, *s'avançant vers eux, dit à l'oreille de Montalte.*

Et vous ne seriez peut-être pas les plus forts.

JULES, *profitant de ce moment d'hésitation pour gagner la grille.*

Hélène, ils t'ont jetée dans un cloître; mais je saurai bien t'en arracher!

Il sort fièrement avec Ranuccio.

ACTE QUATRIÈME.

—

Premier Tableau.

Le théâtre représente un corps-de-garde de Bravi, attenant à l'abbaye de Castro, avec lequel il communique au fond par une vaste porte à guichet, armée de solives et de barres de fer. A droite, au troisième plan, porte des autres corps-de-garde. Même côté, deuxième plan, fenêtre donnant à l'extérieur. A gauche, un lit de camp surmonté d'un porte-manteau, qui règne dans toute la longueur du mur, et auquel sont suspendus les manteaux et les arquebuses des Br

SCÈNE PREMIERE.

UGONE, MARIO, BRAVI, RANUCCIO, *sur le lit de camp.*

Au lever du rideau les Bravi, rassemblés autour d'une table, jouent aux dés. Ranuccio dort sur le lit de camp, enveloppé dans son manteau.

MARIO.

Est-ce que ça t'amuse beaucoup de jouer aux dés, Ugone ?

UGONE.

Pas beaucoup, mais que faire?... la provision de liquide est épuisée, et nous ne pourrons pas la renouveler avant ce soir.

MARIO.

Quand Sciotti l'hôtellier passera sous la fenêtre!

UGONE.

J'ai bien vu quelquefois des garnisons de château ennuyeuses, mais jamais comme celle ci.

MARIO.

Alors, pourquoi nous as-tu fait quitter le service de notre maître, le comte Orsini?

UGONE.

Ah! pourquoi?... parce qu'il me l'a commandé; parce que, pendant l'interrègne, chacun en Italie, veut prendre sa revanche... (*avec mystère*) et qu'avec l'abbaye de Castro, il y en a plus d'une à reprendre... Depuis surtout que ce démon de Bracchioforte a menacé d'enlever sa belle, il fallait bien se mettre en mesure; mais du diable si on me reprend à louer mes services, et à enrégimenter des hommes pour une abbaye!

MARIO.

Dans d'autres, ne faut pas dire; mais dans celle de Castro!...

UGONE.

Avec ça que, pour couronner la fête, vous êtes tous gais comme des saints de pierre qui ont perdu leur nez... (*Il va au lit de camp.*) Hohé, Ranuccio!

RANUCCIO, *sans bouger, et d'une voix dolente.*
Malade!

UGONE.

Mon pauvre ami, comme te voilà geignant!... ce n'est pas là ce que tu m'avais promis quand, il y a quinze jours, tu es venu me demander de t'enrôler comme nous au service de Mme l'abbesse; j'étais si content de te revoir, après douze ans de séparation!... un ancien camarade, un boute-en-train, un joyeux compère... Ah! comme tu es changé! (*Se retournant, aux autres.*) Bonne lame, mais rouillée... (*A Ranuccio.*) Allons, parle-nous donc, vieux!

RANUCCIO, *même jeu.*
Malade!

UGONE, *aux autres.*
Je crois que c'est le manque d'air qui le rend comme cela.

Il revient sur le devant de la scène, et tous les Bravi se lèvent et l'entourent.

MARIO.

Et ce pauvre Griso, qui est aussi sur le flanc (*il montre la porte à droite*), et qui a l'air de vouloir tourner de l'œil!

UGONE.

Écoute donc; depuis un mois que nous sommes ici, dans ce couvent fortifié, crénelé comme une citadelle, et que sa position sur une haute montagne rend inattaquable; dans ce corps-de-garde où l'on n'arrive que par d'autres corps-de-garde... dans ces bâtimens, qui ne sont plus dehors, et qui ne sont pas encore dedans... casernés au deuxième étage, parce que la prudence a fait murer les fenêtres, les portes du réz-de-chaussée et du premier... Est-ce que tu trouves ça bien récréatif?

UN BRAVO.

Bah! l'abbesse fait bien, et elle peut compter sur nous.

MARIO.

Tant qu'elle paiera bien.

UGONE.

Silence! un des chefs.

SCÈNE III.

LES MÊMES, LE CHEF DES BRAVI.

LE CHEF.

L'ordre du soir, camarades... (*Tous les Bravi se rangent militairement pour écouter.*) Eh bien!

voilà un homme qui est resté sur le lit de camp!

RANUCCIO, *piteusement.*

Malade !

LE CHEF, *revient au milieu de la scène.*

« De par haute et puissante dame, abbesse de
» Castro, les sentinelles seront placées aux mêmes
» lieux que les jours précédens, et l'on redoublera
» de surveillance. Voici encore ce que la souveraine
» abbesse fait savoir aux braves enrôlés à son ser-
» vice : parmi les hommes chargés de veiller à la
» défense de l'abbaye, il s'est trouvé un traître! »

LES BRAVI, *avec étonnement.*

Qui donc? qui donc?

LE CHEF, *lisant.*

« Le plus vieux serviteur de cette maison,
» l'homme sur le dévouement duquel on devait le
» plus compter, le seul qui pût pénétrer dans
» l'intérieur, et qui fût chargé des relations au
» dehors, n'a pas craint de servir une correspon-
» dance établie entre une religieuse et l'audacieux
» Bracchioforte... (*Mouvement.*) Cette criminelle
» intrigue a été découverte; une des lettres a été
» surprise, et le traître qui servait d'agent sera
» puni du châtiment qu'il mérite, s'il échappe à
» la maladie dont Dieu l'a frappé. »

LES BRAVI, *étonnés.*

Tiens, c'est Griso, c'est Griso !

Le Chef *sort.*

~~~~~~

SCÈNE IV.

LES MÊMES, *hors* LE CHEF.

MARIO, *riant.*

As tu entendu?... De par haute et puissante
dame... en voilà un drôle de général !

UGONE.

Ne ris pas; tu n'en as jamais eu un aussi sévère, et qui fît aussi peur à tous ceux à qui il
commandait... Une femme, c'est vrai, mais une
maîtresse femme... et Griso n'a pas mal fait d'être
malade.

UN BRAVO.

Ah çà, est-elle jolie cette abbesse?

UGONE.

Elle ne se montre jamais !

UN BRAVO.

Alors, elle est laide !

MARIO.

Mais quel âge peut-elle bien avoir !

UGONE.

Cent dix ans, au moins.

LES BRAVI, *riant.*

Merci !

UGONE.

Les anciens du pays ne se rappellent pas l'a-
voir vu nommer abbesse... invisible pour tous,
elle n'apparaît jamais que pour annoncer un
malheur.

MARIO.

Comme les comètes alors... (*Baissant la voix
avec mystère.*) Moi, je croirais assez qu'il se
passe ici des choses extraordinaires... Je ne suis
pas peureux, vous le savez... mais la nuit dernière, (*il se frotte le ventre*) j'ai fait une mauvaise
faction...

UGONE.

C'est vrai, en rentrant, tu étais blanc comme
un linceul.

MARIO.

J'ai entendu tout le temps des plaintes et des
gémissemens qui semblaient sortir de terre...

UGONE, *riant.*

Bah ! c'est quelque nonne qui aura manqué à
sa consigne et qu'on aura mise à la salle de po-
lice...

MARIE.

Mais les religieuses doivent au moins le connaître, leur capitaine !

UGONE.

Pas plus que nous.

UN BRAVO.

Comment fait-elle donc savoir ses ordres ?

UGONE.

Tous les matins, dans le chœur, après la prière,
la directrice vient lire comme qui dirait l'ordre
du jour, (*avec intention*) et il y en a d'un peu ai-
mables. (*Plus bas.*) Ainsi, la tourière qui est là,
à la grille, derrière ce guichet (*montrant la porte
du fond; d'un air avantageux*), et qui me voudrait
du bien, m'a raconté que la semaine dernière, on
en avait lu un qui disait : « Toute religieuse de
Castro qui forme la pensée de se soustraire à ses
vœux, meurt dans les trois jours. »

MARIO.

C'est court, mais c'est sec!... Fameuse disci-
pline !

UGONE.

Et il n'y a pas à dire, tout le monde y est sou-
mis. (*Riant.*) Tenez, ce pauvre cardinal lui-même,
qui n'a que le souffle, il se trouvait ici, quand,
en une nuit, on a muré portes et fenêtres... eh
bien, depuis ce temps-là, il peut jouir de sa liberté, mais modérément... et dans l'intérieur de
l'abbaye; aussi, quand il vient tous les jours faire
sa visite au pauvre Griso qui se meurt, il faut
voir comme il ouvre les narines, pour humer l'air
du dehors par cette fenêtre, (*il montre la fenêtre
à droite, en remontant la scène*) la seule par où il
puisse voir au-delà des murs de l'abbaye!

MARIO.

Pourquoi donc l'abbesse le retient-elle, ce pauvre bonhomme?

UGONE.

D'abord pour sa santé; il paraîtrait que l'air de
la campagne lui est malsain; puis, on dit que le
béquillard, comme l'appelle Ranuccio...

RANUCCIO, *sans bouger.*

Malade !

Tous les Bravi se retournent.

UGONE, *à Ranuccio.*

C'est bon, c'est bon, on ne te parle pas. (*Re-*
~~~~~~

venant aux Bravi, avec mystère.) Il paraît, voyez-vous, qu'il aurait bien voulu faire partie du conclave où l'on va nommer le saint Père, mais le comte Orsini, notre puissant seigneur et maître (*ils se découvrent tous*), ne le veut pas, lui ; il en a glissé un mot à l'oreille de madame l'abbesse, sa parente, et monseigneur, jusqu'à nouvel ordre, coffré!...

Tous les Bravi se mettent à rire, on entend un roulement de tambour à l'intérieur du corps-de-garde.

LES BRAVI, *se levant.*

L'appel ! l'appel ! Ranuccio, l'appel !

RANUCCIO.

Malade !

UGONE, *allant au lit.*

Pauvre Ranuccio ! Demain, nous enterrerons Griso, et lui, dans huit jours !

Ils sortent.

SCÈNE V

RANUCCIO, *seul, regardant si les Bravi sont éloignés, et se levant avec rapidité.*

Enterré ! pas encore, bravi mes amis... et, avec l'aide de Dieu, je saurai bien vous prouver qu'on n'enterre pas ainsi les soldats de l'invincible don Juan d'Autriche. Qu'ai-je entendu ?... Griso surpris ! la correspondance découverte!... Alerte ! Ranuccio, alerte ! car Hélène doit être en danger. Redoublons d'ardeur... cette pierre que depuis quinze jours je travaille à desceller, doit bientôt céder à mes efforts et nous ouvrir un passage... Profitons de ce que je suis seul pour aller jeter en dehors les traces de mon travail et vider mon sac. (*Il va à la croisée, et fait voler la poussière qui remplit un sac de peau.*) A présent, à l'œuvre !... une demi-heure encore, et tout sera fini ! (*Il travaille avec son poignard.*) D'après les renseignemens que j'ai pu me procurer, ce passage doit me conduire dans les jardins de l'abbaye. Une fois là, je pourrai parvenir jusqu'à Hélène... mais après, comment la délivrer ?... comment la faire sortir?... Jules, de son côté, qu'aura-t-il fait ?... comment lui faire savoir... (*Bruit du guichet.*) On ouvre... vite, à mon rôle !

Il fait retomber le manteau qui cache la pierre à laquelle il a travaillé et se recouche enveloppé dans le sien.

SCÈNE VI.

LA TOURIÈRE, *tenant des clefs,* MONTALTE, RANUCCIO.

LA TOURIÈRE.

Monseigneur, avant d'aller donner vos dernières consolations à ce pauvre Griso, pourriez-vous dire quelques mots à celui-ci ?... C'est bien le plus mauvais malade!... il ne veut jamais boire de tisane...

RANUCCIO, *à part.*

De la tisane de madame l'abbesse... merci !... Griso en a goûté... je m'en méfie!

LA TOURIÈRE.

Et souvent il dit des mots...

MONTALTE, *raillant.*

Eh ! eh ! ma chère sœur... quand on veut être défendue, il faut bien passer quelque chose à ses défenseurs... Allez avertir Griso de ma visite ; je vous suis.

La tourière sort par la droite.

SCÈNE VII.

MONTALTE, RANUCCIO.

Montalte regarde autour de lui, et ne voyant pas bouger Ranuccio, qui est toujours couché, il se dirige rapidement vers la croisée.

RANUCCIO, *se soulevant pour le regarder.*

Tiens, tiens, comme il est alerte, le béquillard! Depuis que je ne l'ai vu, il s'est donc passé quelque chose d'extraordinaire dans ses jambes?

MONTALTE, *près de la croisée.*

Oh ! l'air du dehors, l'air libre me frappe au visage... D'ici je vois Rome... j'aperçois le Vatican où s'agitent sans doute, en ce moment, les destinées du monde, et je ne sais rien !... (*frappant sur la croisée*) et je suis prisonnier !... prisonnier des Orsini!... pris au piège au moment décisif!... tant de beaux rêves détruits !... tant de magnifiques projets renversés !... Oh ! qui donc me délivrera ?... qui donc me donnera des ailes et la liberté ?

RANUCCIO, *l'observant.*

Comme il gesticule ! il n'a plus la goutte à présent.

MONTALTE.

Chaque jour qui s'écoule, irréparable pour moi, amène un danger de plus pour Hélène.

RANUCCIO, *écoutant.*

Hélène a-t-il dit...

MONTALTE, *avec impatience, et regardant en dehors.*

Sciotti, Sciotti ne vient pas !... une seule fois j'ai pu le voir... aura-t-il remis mon billet à Jules ?... Jules lui-même aura-t-il foi au nom dont je l'ai signé!... (*Regardant au loin dans la campagne.*) Les travaux sont-ils commencés ?... ou bien, désespérant de vaincre tant d'obstacles, aura-t-il renoncé à son projet... oh ! viendra-t-il ? viendra-t-il !...

RANUCCIO.

Mais à qui diable en a-t-il ?

Il fait du bruit en descendant du lit de camp.

MONTALTE, *apercevant Ranuccio qui se plaint en se frottant les jambes.*

Ranuccio ici !... Jules viendra! (*Il s'avance vers lui en toussant beaucoup; d'un air railleur.*) Eh ! eh !... je vous croyais plus malade, mon brave ?...

RANUCCIO, *avec malice et du même ton.*

Je vous croyais moins ingambe, monseigneur.

Mouvement de Montalte.

MONTALTE, *sèchement.*

Je ne vous savais pas ici!...

RANUCCIO, *raillant.*

Vous y êtes donc aussi?

MONTALTE, *de mauvaise humeur.*

Eh!... eh!... eh!... on ne fait pas toujours ce qu'on veut!

RANUCCIO, *l'imitant.*

Eh!... eh!... on tâche de faire ce qu'on peut!

Ils se regardent tous deux avec défiance et se tournent le dos brusquement; Ranuccio va du côté de la porte, et Montalte du côté de la fenêtre.

RANUCCIO.

Si par lui je pouvais avoir des nouvelles d'Hélène...

MONTALTE.

Si par cet homme je pouvais savoir ce qui se passe au conclave.

RANUCCIO, *à la porte.*

Maudite porte!... pas moyen!

MONTALTE, *à la fenêtre.*

Trente pieds de haut! (*Il regarde au dehors.*) Pas moyen!...

Ils se retournent tous deux en même temps, se surprennent mutuellement, l'un près de la croisée, l'autre près de la porte, et restent un moment à se regarder avec embarras.

RANUCCIO, *vivement.*

Vous voulez sortir?

MONTALTE, *même jeu.*

Vous voulez entrer?

RANUCCIO.

Le conclave!... hein?

MONTALTE.

Hélène!... n'est-ce pas?

RANUCCIO.

Vous l'avez vue?

MONTALTE.

Est-il assemblé?

Une pause.

RANUCCIO, *découragé.*

Ah! si nous allons toujours comme ça, nous n'avancerons pas beaucoup!

MONTALTE, *très-serré.*

Que voulez-vous?... Toutes nos réponses sont des questions.

Seconde pause.

RANUCCIO, *se rapprochant.*

Si vous me disiez un mot, monseigneur, je pourrais peut-être vous en dire deux!

MONTALTE, *après avoir réfléchi.*

Eh bien, donnant, donnant!

RANUCCIO.

Tope! (*Ils redescendent sur le devant de la scène.*) Vous lui avez parlé...

MONTALTE.

Il y a trois jours. (*Vivement.*) Vous avez quitté Rome?

RANUCCIO.

Depuis quinze jours! (*Vivement.*) Que faisait-elle?

MONTALTE.

En passant près de moi, elle m'a dit : Ne m'abandonnez pas. (*Vivement.*) Qui portait-on?

RANUCCIO, *cherchant à se rappeler.*

Un Orsini!... un Colonna. (*Vivement.*) Mais serait-elle menacée?

MONTALTE.

Je n'ai pu parvenir jusqu'à elle. (*Vivement.*) Mais ne parlait-on pas d'un troisième parti?

RANUCCIO.

Ah! je n'ai pas mes entrées au conclave. (*Vivement.*) Mais elle est libre encore, n'est-ce pas?... elle est libre?...

MONTALTE.

Demain elle peut ne plus l'être. (*Vivement.*) Et l'élection?... l'élection?...

RANUCCIO.

Demain, je crois, elle sera décidée!...

MONTALTE, *à part, en s'éloignant.*

Il faut sortir, cette nuit!

RANUCCIO, *de même.*

Cette nuit, il faut entrer...

Il se recouche vivement en entendant revenir deux Bravi, Ugone et Mario.

SCENE VIII.

LA TOURIÈRE, *au fond,* **MARIO, MONTALTE, UGONE, DEUX BRAVI.**

Les Bravi rentrent et se rangent en se découvrant pour laisser passer Montalte.

UGONE.

Monseigneur, ne nous oubliez pas... dans vos prières!...

MONTALTE, *leur donnant de l'argent et toussant.*

Mes enfans, n'oubliez pas dans les vôtres la santé d'un vieillard bien souffrant!

Il entre avec la tourière par la porte de droite; Ugone, pendant ce temps, montre furtivement à Mario l'argent du cardinal.

UGONE, *joyeux et en se découvrant.*

Saint Janvier, mon patron, qui nous envoyez de l'argent, ajoutez-y les moyens de le dépenser.

MARIO.

Par Dieu! Sciotti ne doit pas tarder.

UNE VOIX, *en dehors.*

Aqua fresca!... aqua fresca!

UGONE, *bas en riant.*

Entendez-vous le vieux farceur?... il crie de l'eau fraîche.

MARIO, *courant à la fenêtre.*

C'est lui!... il demande à monter comme à l'ordinaire.

Les deux Bravi vont prendre le panier.

UGONE, *les arrêtant.*

Non pas... non pas... il est trop tôt; le cardi-

nal va repasser par ici : il n'aurait qu'à le voir, et
la tourière ! c'est que l'abbesse ne plaisante pas !

MARIO, *à la fenêtre, faisant des signes.*

Attends un instant... tout-à-l'heure...

UGONE, *regardant à la porte de droite.*

Vous pouvez toujours apprêter la corde et le
panier, pour pêcher notre brave approvision-
neur !

MARIO, *prenant le panier et la corde qui doivent
être cachés tout près de la fenêtre.*

Voici la corde... le panier... où est le crampon
de fer ?

UN BRAVO.

Voilà, voilà !

Ils font les préparatifs indiqués.

UGONE, *à la porte de droite.*

Chut !... le cardinal !

Il redescend.

~~~~~~

SCENE IX.

MARIO, *tenant le panier en dehors de la fenêtre,
et le cachant avec son chapeau;* PREMIER
BRAVO, LA TOURIÈRE, MONTALTE,
UGONE, RANUCCIO.

MONTALTE, *aux Bravi, qui se sont rangés de manière à cacher leurs apprêts.*

Bonne nouvelle, mes amis, Griso va mieux...
(*Regardant Ranuccio qui soulève la tête.*) Et j'espère que demain il y aura encore un heureux
changement.....

RANUCCIO.

Qu'est-ce qu'il veut dire, le vieux renard à trois
pattes ?

*On entend le son d'une cloche funèbre dans l'intérieur de
l'abbaye. Un silence.*

MONTALTE, *à la tourière.*

Qu'annonce cette cloche ?

LA TOURIÈRE, *se signant.*

Elle annonce qu'une sœur vient de mourir.

Tous les Bravi se signent, le cardinal tressaille.

MONTALTE, *à part.*

Une sœur vient de mourir !... Oh ! rentrons...
rentrons! il faut que je voie Hélène ! il le faut,
quand, pour la voir, je devrais pénétrer jusqu'à
cette invisible abbesse.

*Il sort par le fond avec la Tourière ; les Bravi le recon-
duisent avec respect ; la nuit est venue.*

~~~~~~

SCENE X.

RANUCCIO, MARIO, UGONE, DEUX BRAVI;
puis JULES, *sous les habits de Sciotti.*

UGONE, *avec un hourra de joie.*

Ah !... il est parti !... à présent la nuit est à
nous, montons le marchand d'ambroisie... (*Les
Bravi descendent vivement le panier, qui doit être*

*très-petit, avec la corde, armée du crampon de fer,
et se mettent à deux pour le remonter; Ugone roule
la corde à mesure qu'elle remonte.*) Nous avons
l'argent... le vin et les liqueurs arrivent... ma
foi, joyeuse vie jusqu'à demain !

*En ce moment le panier est remonté, et avant qu'on le
retire, Jules saute dans le corps de garde.*

MARIO.

Tiens ! ce n'est pas Sciotti ?

JULES, *en paysan.*

Non, mes maîtres, non... le vieux Sciotti marie
aujourd'hui sa fille ; mais il est trop honnête
homme pour vous laisser à sec !

RANUCCIO, *à part.*

Oh ! oh ! l'oreille au guet !

UGONE.

Tiens... depuis quand a-t-il donc une fille ?

JULES.

Depuis dix-huit ans !

UGONE.

Il ne nous avait jamais parlé d'elle.

JULES.

Ah ! parce qu'elle est très-jolie !

MARIO.

Voyez-vous ! le vieux sournois !

UGONE.

Eh bien ! nous boirons à sa santé !

TOUS LES BRAVI.

C'est dit ! c'est dit !

UGONE.

Et ton baril y passera...

JULES, *avec intention.*

Oh ! vous en êtes bien capables. (*A part, cherchant Ranuccio.*) Où donc est-il ?

UGONE.

Et Ranuccio sera de la fête ! (*Il va au lit de
camp.*) Ohé, Ranuccio !

JULES.

Il est là !

UGONE, *près du lit de camp, avec les autres.*

Eh ! lève-toi, sang-Dieu ! viens boire avec nous,
ça te guérira !

RANUCCIO, *se levant sur son séant.*

Au fait, puisque la tourière se plaint de ce que
je ne bois pas... il faut lui obéir...

UGONE.

Un instant, prenons nos précautions... la nuit
est venue... toi, des lumières, toi, des brocs et
des verres. (*A un troisième.*) Toi, va chercher
les camarades... moi, je vais voir si le capitaine
dort sur ses deux oreilles. (*A Jules.*) Pour toi,
l'ami, attends-nous, ce ne sera pas long.

Ils sortent, la porte reste ouverte.

JULES, *avec nonchalance.*

A votre convenance, mes maîtres... à votre
convenance...

*A peine les Bravis sont-ils sortis, que Jules et Ranuccio se
rapprochent vivement et s'embrassent. Toute la scène
qui va suivre doit être dite très-vivement et à voix
basse, sans que Jules s'éloigne un moment de la porte
des Bravi*

SCÈNE XI.

RANUCCIO, JULES.

RANUCCIO.

Toi enfin! le danger presse... Hélène...

JULES.

Je l'enlève!

RANUCCIO.

Mais cette nuit ?...

JULES.

Oui, cette nuit. Elle m'a écrit, elle m'attend!

RANUCCIO.

Où?

JULES.

A la chapelle!

RANUCCIO.

Comment y arriver?

JULES.

Depuis quinze jours on creuse sous terre!

RANUCCIO.

On creuse!... En quel endroit?

JULES.

D'après les indications données par ce billet!

RANUCCIO.

De qui?

JULES, *lui donnant le billet.*

Lis.

RANUCCIO, *lisant vite sous la lampe.*

« On pourrait attaquer l'abbaye, en creusant
» dans la direction de la chapelle, par l'ancienne
» voie romaine : malgré les difficultés, avec de la
» patience, on arriverait. Signé le père Anselme. »
(*A Jules.*) Mais on le disait mort!

JULES.

Mensonge! il existe, et j'ai foi en son nom.

RANNUCCIO.

Et ces difficultés?

JULES.

Effroyables!

RANUCCIO.

Et nos amis?

JULES.

Arriveront cette nuit... peut-être!

RANUCCIO, *vivement.*

Comment peut-être?

JULES.

Oh! il faut que j'y sois, moi!

RANUCCIO, *allant au lit de camp.*

J'ai bien un moyen...

JULES, *s'avançant.*

Lequel? parle.

Bruit à droite.

RANUCCIO, *vivement et lui faisant signe de s'éloi-
gner.*

Les bravi!... silence!

JULES, *très-vite.*

Fais-les boire, mon vin est préparé!

SCÈNE XII.

LES MÊMES, UGONE, BRAVI.

*Les Bravi rentrent, portant des verres, des lumières
qu'ils posent sur la table, et des brocs qu'ils donnent
à Jules, assis au milieu du théâtre. Toute cette scène
doit être très-gaie et très-animée.*

UGONE.

Tout va le mieux du monde!... et le capitaine
ronfle à faire trembler l'abbaye. (*Apercevant Ranuccio debout sur le lit de camp.*) Ah! à la bonne
heure, sang-Dieu! voilà Ranuccio sur pied!

*Tous les Bravi vont au lit de camp et séparent Ranuccio
de Jules.*

RANUCCIO, *debout sur le lit de camp et avec
joyeuseté.*

Oui, et je veux vous tenir tête à tous... car il
faut, cette nuit, en crever ou me tirer de là.

UGONE, *riant.*

Et ce n'est pas nous qui t'en empêcherons.

Il l'entraîne à la table.

RANUCCIO, *finement.*

Je l'espère bien. (*A part.*) Comment lui faire
savoir...?

JULES.

Quel peut être ce moyen?

RANUCCIO, *assis.*

Passez-moi les brocs, c'est moi qui verse!...
(*versant*) et que le feu de saint Antoine
brûle le ventre et les côtes du premier qui fait
la moue à son verre! (*Il est placé à table très-
près de la croisée, en face d'Ugone, et de manière
à bien voir Jules, à qui deux Bravi portent conti-
nuellement les brocs que l'on vide.*) Première
santé... la nôtre!...

LES BRAVI, *riant.*

A nous!... à nous!...

Ils boivent.

RANUCCIO.

Deuxième santé!...

LES BRAVI.

Ah! voyons, voyons!...

RANUCCIO.

A mes camarades!...

LES BRAVI, *riant.*

A ses camarades!...

UGONE.

Ah çà! mais un instant, c'est la même chose!...

RANUCCIO.

Eh! non, puisque c'est un autre verre. (*Tous les
Bravi rient.*) Troisième santé!

LES BRAVI, *vivement.*

A qui donc?

RANUCCIO.

A moi!

LES BRAVI.

Ah! oui, c'est vrai, à lui!

UGONE, *se levant.*

A Ranuccio, qui n'est plus malade!

*Tous boivent, excepté Ranuccio, qui chaque fois a soin
de lancer son vin par la croisée.*

RANUCCIO, *à part.*

Quelle idée!... Si je pouvais... essayons...

Haut.) Tantôt en dormaillant, je vous entendais dire que jamais âme qui vive n'avait pénétré dans l'abbaye!

UGONE.

C'est vrai!

RANUCCIO.

Eh bien, mon père à moi y est entré!

UGONE, *incrédule.*

Ton père?

RANUCCIO.

Et dans une fameuse occasion encore!

TOUS.

Conte-nous donc ça! conte-nous donc ça!

JULES.

Que va-t-il faire?

RANUCCIO, *frappant sur la table.*

Attention à ce que je vais dire, et buvons. (*Ils boivent.*) Il va sans dire qu'il s'agissait d'une amourette, d'un père taquin!

TOUS.

Comme ils sont tous!

RANUCCIO.

Le père avait mis sa fille dans ce couvent pour qu'elle restât célibataire; mais la jeune fille n'avait pas de goût pour l'état...

MARIO, *aviné.*

Cela se voit!

RANUCCIO, *regardant Jules.*

L'amant était un gaillard; il dit : Il faut la tirer de sa cage... Il va trouver mon père, son ami à mort!... mes deux vigoureux compères pénètrent dans un bâtiment extérieur, comme qui dirait celui-ci... Attention de plus en plus!

UGONE.

Et buvons de même... l'histoire de ce gars m'intéresse.   Les Bravi dorment.

RANUCCIO.

Dans l'endroit où ils se trouvaient, il y avait bien une porte conduisant dans l'abbaye... (*Jules va à la porte et l'examine*) mais partout, en dedans, des madriers, des solives, des barres de fer, une porte à l'épreuve du canon; puis, si on la franchissait, au bout d'une galerie, nouvelle porte, et ainsi de suite!

UGONE.

Rien à faire par là...

RANUCCIO.

C'est aussi ce que dit mon père; à droite, autre porte.

MARIO.

Ah! voyons un peu!

Jules est allé à la porte désignée.

RANUCCIO.

Mais là une enfilade de corps-de-garde... (*Jules frappe du pied avec impatience.*) Un moment.. restait encore le mur de ce côté... (*Ugone se retourne, Jules reprend sa place sur son escabeau*) qui dans toute sa longueur, sans porte ni fenêtre, sépare les bâtimens extérieurs des jardins de l'abbaye... (*Les autres, couchés çà et là, dorment tous. Ugone et Mario résistent encore.*) C'est là qu'il faut percer, dit mon père...

Jules monte sur le lit de camp.

UGONE.

Ah! bah!... à travers le mur?..

RANUCCIO.

A travers le mur!... Et il le fit comme il l'avait dit; le jour, il cachait avec son manteau la pierre... (*en ce moment Jules soulève le manteau, et découvre avec joie la pierre*) et la nuit, à l'aide de son poignard... (*Jules saisit le poignard d'un Bravo qui est venu se coucher sur le lit de camp, et travaille avec ardeur*) il travaillait à la desceller...

MARIO, *s'endormant.*

Voyez-vous ça!...

Jules fait des efforts pour soulever la pierre.

RANUCCIO, *qui suit tous ses mouvemens avec anxiété.*

Enfin, après quinze jours de peine et de persévérance, il avait si bien travaillé... qu'en poussant de toute sa force, avec son épaule... la pierre céda... et tomba.

En ce moment la pierre que Jules pousse avec force tombe au dehors, et forme une large ouverture; au bruit, les deux Bravi se retournent; Jules laisse retomber le manteau qui cache le trou, et présente son Baril.

JULES, *assis sur le lit de camp et riant.*

Ne faites pas attention, mes maîtres, c'est... c'est mon baril qui m'est échappé.

RANUCCIO, *les ramenant.*

Mais écoutez-moi donc, vous autres, et buvons... (*Ils boivent, et Jules ne sait plus que faire. Mais Ranuccio lui fait des signes.*) Alors, au moyen de cordes...

UGONE.

Des cordes!...

RANUCCIO.

Oui, des cordes qui se trouvaient là... par hasard... (*Jules ramasse les cordes qui ont servi à le hisser*) environ trente pieds de cordes, que nos deux amis attachent bien solidement...

UGONE.

Comment?...

RANUCCIO, *avec la plus grande anxiété.*

Comment!... ma foi, je l'ai oublié... mais peu importe... (*Pendant ce temps, Jules, qui a regardé autour de lui, cherche, puis tout-à-coup saisit une arquebuse qu'il passe dans le nœud coulant de la corde, et qu'il place vivement en travers du trou; joie de Ranuccio.*) Puis le jeune gars entre, les pieds les premiers dans l'ouverture... se laisse glisser... et disparaît!

Tout ce jeu de scène, pour être complet, dépend beaucoup de la pantomime de Jules, qui doit disparaître au dernier mot de Ranuccio. Tous les Bravi dorment, excepté Ugone, qui lutte encore.

UGONE.

Eh bien! et puis?...

RANUCCIO, *qui s'est levé, et qui va s'assurer si les Bravi dorment.*

Et puis.. quand il fut au bout de la corde il sauta...

UGONE, *presque endormi,*

Il sauta!... Ah çà! un moment, un moment... Tu m'as dit... que les cordes avaient trente pieds?

RANUCCIO.

Oui, trente pieds!

UGONE.

Eh bien! ton père est un hâbleur!... il n'est jamais venu ici.

RANUCCIO, *au fond du théâtre, se retournant.*

Pourquoi?

UGONE, *s'endormant.*

Tu me fais des contes à dormir debout, Ranuccio, et je dors... Ah!... il a sauté...

RANUCCIO, *le secouant.*

Et pourquoi?... pourquoi n'aurait-il pas sauté?

UGONE, *avec force.*

Parce que ce mur-là a quatre-vingts pieds.

Il tombe sur la table. Musique.

RANUCCIO.

Grand Dieu! (*Les Bravi relèvent un peu la tête et retombent; Ranuccio court à l'ouverture, se place de manière que l'on aperçoit la pâleur et l'agitation de son visage.*) Jules, ne quitte pas la corde, ou tu es mort!

JULES, *en dehors.*

Mon poignard, en tombant, m'a averti du danger.. sous mes pieds, j'ai un gouffre.

RANUCCIO, *très-agité.*

Remonte!...

Moment d'attente.

JULES.

Impossible!...

RANUCCIO.

Encore un effort!... O mon Dieu, que faire?... que faire?... Ah!...

Il dénoue vivement sa ceinture, qui doit être double, court à Ugone, lui tire doucement la sienne, qui doit être double aussi, et les attache ensemble.

JULES.

Mes forces s'épuisent... Ranuccio!

RANUCCIO, *attachant les ceintures.*

O mon Dieu! mon Dieu! donnez-lui force et courage!

JULES, *d'une voix éteinte.*

A moi!... Ranuccio!

RANUCCIO, *courant à l'ouverture, et faisant glisser les ceintures le long de la corde, au moyen d'un nœud coulant.*

Tiens, vois-tu ces ceintures... que je fais glisser vers toi?

JULES.

Oui!

RANUCCIO.

Les as-tu?

JULES.

Je les tiens!

RANUCCIO.

Soutiens-toi d'une main, et, de l'autre, attache le nœud coulant au crampon de fer... Eh bien?

JULES.

Oui... et maintenant à la grâce de Dieu!

Silence interrompu par le bruit d'une chute; Ranuccio tombe à genoux en faisant le signe de la croix; puis se relevant avec résolution.

RANUCCIO,

A moi maintenant!... à moi de le suivre! mort ou vivant, je serai avec lui!

Il s'élance par l'ouverture; toute cette scène doit être dite avec chaleur, mais sans cris, et avec une sorte de mystère, à cause des Bravi.

Deuxième Tableau.

Le théâtre représente l'abbaye de Castro; au fond, à droite, grande porte, qui, en s'ouvrant, laisse voir l'intérieur de l'abbaye. A côté de cette porte, toujours au fond, est une chapelle ardente voilée de rideaux noirs. A droite, au premier plan, niche d'un saint qui fait face au public; à gauche, autre porte plus petite. De tous côtés, fenêtres qui laissent pénétrer la lumière, à travers leurs vitraux coloriés.

SCENE PREMIERE.

LA DIRECTRICE DE L'ABBAYE, UNE RELIGIEUSE. (*Costume rouge et noir.*)

Au lever du rideau, on entend les sons graves et religieux de l'orgue, qui joue un motif funèbre. La Directrice est sur le devant de la scène, une Religieuse arrive par la porte du fond.

LA RELIGIEUSE.

Vous m'avez fait appeler, sœur directrice?

LA DIRECTRICE.

Au nom de Souveraine Abbesse... (*la Religieuse tombe précipitamment à genoux et écoute dans l'attitude de la plus profonde soumission*) cette nuit, à deux heures, vous prendrez la sœur qui sera seule dans cette chapelle, et vous la porterez sous les voûtes souterraines de l'abbaye, près des sœurs dont vous êtes chargée de soutenir la longue agonie... Allez, et que Dieu vous garde de la colère de Souveraine Abbesse!

La Religieuse sort par la petite porte.

SCENE II.

MONTALTE, LA DIRECTRICE.

MONTALTE, *très-agité.*

L'abbesse de Castro, madame, je veux la voir!

LA DIRECTRICE.

Impossible, monseigneur!

MONTALTE, *avec insistance.*

Je veux la voir, vous dis-je... Si, depuis huit ans, j'oublie que je suis prince de l'Église, si, depuis un mois, je ne me suis pas plaint d'être retenu prisonnier ici, je puis m'en souvenir enfin, et l'abbesse doit l'apprendre de moi!

LA DIRECTRICE.

Monseigneur n'ignore pas que personne ne peut parvenir jusqu'à notre souveraine abbesse, et que moi seule ici je la remplace. Pourquoi voulez-vous la voir?

MONTALTE.

Pour me plaindre de vous!

LA DIRECTRICE.

De moi!

MONTALTE.

De vous, qui, sous divers prétextes, depuis huit jours, m'éloignez d'Hélène Campireali, d'Hélène, pour qui j'ai supporté l'injuste captivité qu'on m'impose... Hélène n'a que moi pour appui; son père n'est plus!... D'après vos odieux statuts, sa mère ne peut pénétrer jusqu'à elle; je lui reste seul, et je ne lui manquerai pas! Ordonnez, madame, qu'on me conduise vers elle!

LA DIRECTRICE.

Monseigneur, il est trop tard.

MONTALTE.

Trop tard!

LA DIRECTRICE.

N'avez-vous pas entendu la cloche des morts?

MONTALTE.

Morte! (*Vivement.*) Vous me trompez!

LA DIRECTRICE.

Monseigneur!

MONTALTE.

Vous me trompez, vous dis-je!... Tenez, madame, ne me forcez pas à parler plus haut que je ne voudrais; ne me forcez pas à déchirer le voile qui couvre cette mystérieuse abbaye. Hélène Campireali! conduisez-moi vers elle... Morte ou vivante, je veux la voir à l'instant!

LA DIRECTRICE.

Vous allez être satisfait.

La Directrice conduit Montalte vers la chapelle, dont les rideaux à portière se relèvent et laissent voir Hélène exposée, selon l'usage d'Italie, le visage découvert, sur un lit de parade et entourée de religieuses qui prient à genoux.

MONTALTE, *avec un cri de douleur.*

Hélène! Hélène! (*Il se voile le visage de ses mains; la Directrice va se mettre à genoux près des nonnes.*) Pauvre fleur, battue de tant d'orages, avant de tomber!... O Orsini! Orsini! sous le masque du fanatisme, je reconnais votre haine et votre vengeance... Que dirai-je à sa mère, à sa mère, qui me l'avait confiée?... (*Frappé d'une idée subite.*) Et Jules, Jules, qui, d'après mon conseil, va venir demain... aujourd'hui peut-être!... Oh! courons! il en est temps encore. (*Vivement.*)

Cet homme que j'ai vu parmi les bravi, je puis le revoir : il trouvera le moyen de le prévenir... Oh! qu'il ne vienne pas! qu'il ne vienne pas!... que je ne sois pas la cause de sa mort, et d'une mort à présent inutile!...

Il sort, en se hâtant, par la petite porte. Lorsqu'il est sorti, la directrice se lève, et alors seulement l'orgue ne se fait plus entendre.

LA DIRECTRICE.

Nonnes de Castro, récitons en silence les dernières prières avant de quitter cette chapelle et la sœur que nous ne devons plus revoir.

SCENE III.

JULES, *au fond,* LA DIRECTRICE *et* LES RELIGIEUSES.

JULES, *entrant avec précaution par la porte du fond, les vêtemens en désordre.*

C'est ici!... (*Avec énergie.*) Mes membres sont meurtris!... mes mains en sang!... mais ma vie, ma vie pour venir en ce lieu!... (*l'orgue reprend jusqu'à :* Seul ici!) Grand Dieu! il y a du monde dans cette chapelle! (*Il se cache derrière la statue du saint.*) Que se passe-t-il donc?... une cérémonie funèbre! à cette heure!... et Hélène, pourra-t-elle venir?... oui, car voilà qu'on se retire... (*L'une des nonnes prend un éteignoir, éteint les cierges; puis les nonnes sortent, suivies de la Directrice, par la petite porte. Le fond de l'abbaye et le lit de parade ne sont plus éclairés que par les rayons de la lune, qui projette ses lueurs bleuâtres à travers les vitraux de la chapelle, et par une lampe suspendue. L'effet de cette décoration doit-être très-pittoresque.*) Seul ici!... avec la mort!... Malgré moi mon cœur se serre et tressaille!... Mais l'heure est passée, et Hélène ne vient pas!... qui peut donc la retenir?... Oh! voilons ce visage... qu'elle ne soit pas frappée de cette image funeste... (*Il fait quelques pas vers le tombeau.*) Mon Dieu!... il m'a semblé... Oh! mais non... c'est une vision!... une horrible vision!... Oh! qu'Hélène vienne donc!... qu'elle se hâte!... Cette terreur est insensée, je veux convaincre ma folie..... je veux..... (*Il s'approche du lit de parade, et enlève le linceul en poussant un cri de d'horreur.*) Ah!... (*Il revient de nouveau, et de sa poitrine s'échappent par intervalles des cris, des, sanglots; puis il s'approche du visage d'Hélène; et l'appelle.*) Hélène! Hélène!... (*Tombant à genoux et pleurant.*) Morte, mon Dieu! morte!... Hélène, je t'appelais, et tu étais là... morte!... quand je venais t'arracher à tes bourreaux, quand j'avais tout bravé!... (*Se relevant.*) Oh! rage! maintenant je suis vaincu!... rien! plus rien pour elle!... car à présent, c'est le pouvoir de la mort.

qui la tient!... Morte!... Oh! mon Dieu! mon
Dieu!

Il tombe accablé près du lit de parade. Musique.

SCÈNE IV.

RANUCCIO, HÉLÈNE, JULES.

RANUCCIO, *entrant par la porte principale, qu'il
referme sur lui.*

C'est bien ici la chapelle... (*Appelant.*) Jules!...
Il devait y venir... (*Jules sanglote.*) Ah! le voici!
Jules, réponds-moi donc!

JULES, *relevant la tête.*

Qui m'appelle?

RANUCCIO, *allant vers lui et le cherchant.*

Moi, Ranuccio!... (*A voix basse.*) Nos hommes
sont là, j'en suis certain... Je viens d'entendre les
coups qui annoncent leur travail... ils vont dé-
boucher dans le jardin, près de cette chapelle...
(*Jules sanglote.*) Mais qu'as-tu donc?... (*Lui tou-
chant la main.*) Êtes-vous prêts? Hélène...?

JULES, *avec un cri terrible.*

Hélène?

RANUCCIO.

Est-elle venue?

JULES, *l'entraînant, en passant à la gauche du
tombeau.*

Tiens, regarde!

RANUCCIO, *se signant.*

Morte!

JULES.

Oh! oui, morte! Ah! Ranuccio! Ranuccio!

Il tombe en pleurant près d'Hélène.

RANUCCIO.

Jules, arrache-toi à cet horrible spectacle,
fuyons.

JULES.

Fuis seul... je reste!

RANUCCIO.

Rester! mais c'est la mort!

JULES, *exalté.*

Oui, la mort avec elle!... car la mort même
ne pourra nous séparer. (*En disant cela, il saisit
sa main avec force; mais il s'arrête étonné et se
relève avec terreur.*) Ranuccio!...

RANUCCIO.

Qu'as-tu donc?

JULES, *debout sur la première marche.*

Ma main captive dans la sienne!... Ranuccio,
elle me retient!...

RANUCCIO, *reculant avec une sorte de terreur su-
perstitieuse jusqu'au milieu du théâtre.*

La main d'une morte!...

JULES.

Mon Dieu, m'appelle-t-elle à la tombe avec
elle, ou faites-vous un miracle en faveur de mon
amour?

RANUCCIO, *à genoux en face du public.*

O mon Dieu! je ne vous ai peut-être pas prié
assez souvent... mais jamais personne ne vous aura

tant aimé que moi, si vous rendez cette pauvre
enfant à mon fils!

*Pendant cette prière de Ranuccio, Jules s'est penché vers
Hélène; il a mis la main sur le cœur d'Hélène, qui n'a
pas encore fait un mouvement.*

JULES, *s'écriant avec explosion.*

Vivante!... Ranuccio, vivante!

RANUCCIO, *se relevant et regardant le ciel avec reconnaissance.*

Ah! vous êtes bien puissant, mon Dieu!... et
bien bon pour un pauvre soldat! (*Il court à Hélène.*) Oui, mon ami, oui, elle est vivante!

JULES.

Elle ouvre les yeux! (*Avec amour.*) Hélène!...
Hélène!... regarde-moi... que ton premier regard
soit pour moi...

RANUCCIO, *aidant Hélène à se soulever.*

Oui, la voilà, ma foi, qui se lève!

HÉLÈNE.

Comme tout est grand autour de moi!... Ce
n'est plus ma cellule!

JULES, *doucement.*

Hélène!... Hélène!

HÉLÈNE.

Ah! cette voix... (*Elle baisse les yeux vers
Jules et le reconnaît.*) Ah! Jules!... mon Jules!

Elle tombe dans ses bras.

JULES, *à genoux et les bras suspendus à son cou.*

Oui, c'est moi, Hélène, c'est moi!

HÉLÈNE, *rappelant ses idées, mais encore dans une
espèce de somnambulisme.*

Oh! je me souviens... ce papier où tu m'avais
écrit : *A l'heure fixée, je viendrai,* on me l'a surpris... arraché!... l'on m'a enfermée... et moi, je
pleurais de savoir que tu viendrais et que tu ne
pourrais arriver jusqu'à moi... et puis un breu-
vage... et puis, un froid glacial qui parcourait
mes veines... Alors, il m'a semblé qu'une main
de plomb pesait sur ma tête, et... je me suis en-
dormie!

JULES.

Oh! les infâmes! les infâmes!

HÉLÈNE, *apercevant le tombeau sur lequel elle est
couchée, pousse un cri d'horreur, et s'élance dans
les bras de Jules, qui l'entraîne sur le devant
du théâtre.*

Une tombe!... O Jules, sauve-moi!... sauve-
moi!...

JULES.

Oui, je te sauverai, mon ange, car à présent tu
es à moi... bien à moi!

RANUCCIO.

Fuyons! fuyons! (*Il va à la porte principale.*)
Eh mais! c'est bien par ici que je suis entré...
oui... (*Il l'ébranle.*) Mais c'est fermé!...

*On aperçoit des lumières de flambeaux à travers les
vitraux de la chapelle.*

RANUCCIO.

Ce mouvement!... ces lumières... Oh! l'alarme
est donnée...

JULES, *à Hélène.*

Y a-t-il une autre issue ?...

HÉLÈNE.

Là... là...

Elle montre la petite porte.

JULES.

Fermée aussi !...

HÉLÈNE.

Fermée !... Oh ! nous sommes perdus !...

Des coups très sourds et prolongés se font entendre sous terre.

RANUCCIO, *qui a écouté quelque temps contre la niche du saint.*

Non !... nous sommes sauvés !... car c'est là, entendez-vous ? c'est là que nos amis travaillent. Ce n'est pas dans les jardins, c'est ici qu'ils vont paraître... écoutez !...

JULES.

Oui... je les entends !

RANUCCIO, *la bouche contre la muraille.*

Courage ! amis !... hâtez-vous !... hâtez-vous !... car c'est la mort qui nous presse.

UNE VOIX *souterraine.*

Reculez-vous !... la muraille est sapée ! elle va s'écrouler de votre côté... (*Ils s'éloignent avec effroi ; le pan de muraille sapée tombe avec fracas derrière la statue. Des paysans, en costume de travailleurs, armés de pioches, de haches et de torches, s'élancent dans l'abbaye, et courent à Jules.*) Venez !... venez, mes amis !...

Mais au même instant, par la porte principale, pénètrent les Bravi avec la Directrice, les religieuses, Montalte, qui se trouvent maîtres de l'issue qui vient d'être pratiquée.

MONTALTE.

Hélène !... vivante !...

UGONE, *un pistolet au poing.*

Bas les armes, Brachioforte, et laisse cette femme !...

JULES, *arrachant une hache à l'un des paysans.*

Qui de vous osera venir me l'arracher ?...

Du fond de la chapelle s'avance une grande figure couverte d'un voile noir.

L'ABBESSE DE CASTRO.

Téméraire !...

LES NONNES, LES PAYSANS *et* LES BRAVI, *tombent à genoux en criant :*

L'abbesse !... l'abbesse !...

L'ABBESSE, *saisissant Hélène, qui s'est prosternée à ses pieds et la faisant passer à sa droite, dit à Jules :*

Viens donc la disputer à l'abbesse de Castro !

JULES, *se précipitant.*

Rien ne m'arrêtera...

Mais un coup de feu tiré par Ugone l'atteint au bras. Jules pousse un cri et tombe dans les bras de Ranuccio.

MONTALTE, *montrant l'ouverture qu'il vient d'apercevoir.*

Je les sauverai !... mais à Rome, au conclave !

ACTE CINQUIEME.

Une magnifique salle attenante au Vatican.

SCENE PREMIERE.

UGONE, MARIO.

MARIO, *qui a l'air de guetter quelqu'un au fond du théâtre.*

Ugone ?

UGONE, *appuyé sur le dos d'un fauteuil et regardant à droite.*

MARIO.

L'as-tu vu ?

UGONE, *sans détourner les yeux.*

Qui ?

MARIO.

Eh bien ! celui que nous guettons !... le démon Brachioforte ?

UGONE.

Non.

MARIO.

Que fais-tu donc là ?

UGONE.

J'attends.

MARIO.

Quoi ?

UGONE.

Le jugement de la nonne de Castro.

MARIO.

On va donc le prononcer ?

UGONE.

Aujourd'hui, là (*il montre le premier plan à droite*) ; dans cette salle voisine du Vatican, où le tribunal est assemblé.

MARIO, *venant regarder à la porte.*

Ah ! que de monde !...

UGONE.

Je crois bien, pour voir condamner une religieuse.

MARIO.

Mais comment la souveraine abbesse a-t-elle consenti à rendre la coupable ?

UGONE.

Il l'a bien fallu, l'Inquisition l'a réclamée.

MARIO.

Alors qu'a-t-elle gagné à s'échapper des griffes de madame l'abbesse ?

UGONE.

Du temps d'abord... Et puis, dans les cachots de l'abbaye, sa mère ne pouvait rien pour elle, tandis qu'ici avec ses doublons et pistoles d'Espagne...

MARIO.

Et on dit qu'elle en est cousue.

UGONE.

Une fière femme!... qui mettrait le feu à Rome pour sa fille!... (*Montrant la salle à droite.*) Elle est là qui s'agite, qui intrigue, qui va de l'un à l'autre... mais elle a beau faire, la nonne sera condamnée.

MARIO.

Tu crois ?

UGONE.

Le comte Orsini, notre maître, le veut.

MARIO, *froidement.*

Alors, son affaire est claire.

UGONE.

Il est furieux du refus qu'elle a fait de son fils (*baissant la voix et amenant Mario sur le devant de la scène*) et des voix que son parti perd au conclave depuis deux jours.

MARIO.

Les voix des Campireali ?

UGONE.

Oui... c'est la mère qui intrigue encore par là.

MARIO.

Mais c'est donc un diable que cette femme-là ?

UGONE, *à voix basse.*

Le comte se venge sur la fille...

MARIO.

Et sur son amant.

UGONE.

Oh! celui-là, je croyais bien lui avoir donné son affaire; mais il a l'âme chevillée... il est parvenu à s'échapper et nous ne le tenons pas encore!

MARIO.

Peut-être...

UGONE.

Comment ?...

MARIO, *à voix basse.*

Tout-à-l'heure j'ai cru l'apercevoir rôdant par ici... (*Il regarde de tous côtés.*) Si tu m'en crois nous ferons bien de préparer nos stylets... il viendra ici, te dis-je, pour tenter de délivrer la religieuse !

UGONE, *froidement.*

Ma foi, s'il fait ça, je ferme les yeux.

MARIO.

Je ne te croyais pas le cœur si tendre, trahir notre maître pour une jolie fille !

UGONE, *froidement.*

Elle !... que m'importe ?

MARIO.

Alors, quel intérêt ?

UGONE, *à voix basse.*

C'est mon pauvre Ranuccio !

MARIO, *avec joie.*

Ranuccio !... il a donc été pris avec elle ?...

UGONE.

Pardieu ! il s'est dévoué pour faire échapper le Brachioforte, et sans moi les camarades l'auraient écharpé.

MARIO.

Ils auraient bien fait.

UGONE.

Pourquoi ?...

MARIO.

Je lui en veux ; il nous a mis dedans.

UGONE, *riant.*

C'est de bonne guerre.

MARIO.

C'est humiliant !

UGONE, *haussant les épaules.*

Laisse-moi donc tranquille... est-ce qu'on tire sur les amis ?... nous en avons vu bien d'autres!... tiens, il y a douze ans, avec lui, dans le Milanais, nous étions quatre mille Condottieri... nous allâmes offrir nos services au duc; Visconti n'en voulait que deux mille; les deux autres allèrent s'enrôler dans l'armée du duc de Florence, son ennemi... Ranuccio se trouvait d'un côté, moi de l'autre... Eh bien! ça ne nous empêcha pas de gagner bravement notre argent. On se battit toute la journée consciencieusement, disputant le terrain pied à pied... on se poussait... on avançait... on reculait... ça dura comme ça jusqu'au coucher du soleil.

MARIO.

Furieuse mêlée!... (*Vivement.*) Et combien y eut-il de morts ?

UGONE.

Un !... c'était un cavalier étouffé dans la presse.

MARIO, *remontant.*

On vient !... ne nous montrons pas. (*Entraînant Ugone.*) Viens donc! viens donc!...

UGONE, *regardant la salle du tribunal.*

J'aurais pourtant bien voulu savoir si Ranuccio...

MARIO.

C'est le cardinal Montalte qui monte le grand escalier du palais.

UGONE, *au fond avec Mario.*

En voilà un saint homme!... et modeste!... et pas intrigant du tout... on ne dira pas qu'il a brigué les suffrages, celui-là!... enfermé avec nous dans l'abbaye, pendant toute la durée du conclave!... si jamais il a pensé au trône pontifical, c'est pour prier Dieu de lui en fermer le chemin !...

Ils sortent avec précaution et sans être vus par le cardinal.

SCENE II.

MONTALTE *seul, en proie à la plus vive agitation.*

Rien! rien encore!... depuis ce matin, j'attends... et pas de nouvelles!... Oh! mon cœur bat, mon sang bouillonne!... l'abbé Guerra m'oublie!... (*Réfléchissant.*) Il était temps d'arriver... les Orsini obtenaient la majorité. Grâce à l'activité de la comtesse, la chance a tourné... (*Cris sur la place. Il va à une croisée qui est au deuxième plan à gauche et où l'on arrive en montant deux marches.*) Le peuple est toujours sur la place... attendant avec autant d'impatience que moi le résultat du nouveau scrutin... (*Un homme paraît au fond, et semble chercher quelqu'un. Montrant à droite.*) Le tribunal du Saint-Office va bientôt prononcer le jugement d'Hélène, et un miracle seul peut la sauver!... (*Avec explosion.*) Mais secondez-moi donc, mon Dieu, car je ne veux que la ruine du mal et la gloire de mon pays! (*Apercevant l'inconnu et le regardant avec défiance.*) Quel est cet homme?

SCENE III

MONTALTE, UN INCONNU *enveloppé d'un manteau et couvert d'un grand chapeau rabattu.*

L'INCONNU, *apercevant Montalte, s'avance avec mystère, lui présente un billet.*

Dieu et patience!

MONTALTE, *vivement.*

Le mot de passe de l'abbé Guerra!... donne... (*Il prend le billet et lit.*) «Rien de décidé : deux
» voix, qui s'obstinent à rester aux Orsini, em-
» pêchent la majorité et la fin du conclave!...»
(*Parlé. A part.*) Oh! ils triompheront!... (*Il lit.*) «Je vais essayer de les détacher, mais j'ai
» peu d'espoir. En tout cas, si les Orsini triom-
» phent, suivant la coutume, un coup de canon
» parti du château Saint-Ange vous avertira...
» mais si nous l'emportons, au lieu d'un, vingt
» coups annonceront notre victoire...» (*Avec la plus vive agitation.*) Deux voix!... deux voix!... O que faire, mon Dieu! que faire?... (*L'Inconnu reste immobile, tout-à-coup on entend un long cri de douleur dans la salle à droite.*) Quel est ce cri!... c'est la voix de la comtesse!... grand Dieu!... le jugement serait-il rendu?

SCENE IV.

MONTALE, L'INCONNU, LA COMTESSE.

LA COMTESSE, *à l'intérieur.*

Ma fille!... ma fille!... (*Elle entre, pâle, éga-
rée, et voyant Montalte.*) O monseigneur, rendez-moi ma fille!... condamnée!... condamnée!...

Mouvement et agitation de l'Inconnu, qui est resté immobile près de la croisée.

MONTALTE.

Rassurez-vous, madame, rassurez-vous.

LA COMTESSE.

Elle va périr!... et c'est vous qui l'avez conduite à la mort!... c'est vous qui l'avez dénoncée au tribunal du saint office.

MONTALTE.

N'était-ce pas le seul moyen de l'arracher aux vengeances de l'abbesse de Castro?

LA COMTESSE.

Mais vous l'avez livrée à des juges plus implacables!...

MONTALTE.

Tout n'est pas perdu, madame, tout n'est pas perdu... avant l'exécution du jugement, nous avons encore trois jours, et d'ici là le conclave...

LA COMTESSE, *avec véhémence.*

Et que me font à moi le conclave et toutes vos intrigues?... c'est ma fille que je veux, c'est ma fille qu'il me faut... vous me l'avez promise, et sur la foi de ces promesses, n'ai-je pas fait tout ce que vous avez voulu?... Faites agir votre famille, m'avez-vous dit, intriguez, priez, menacez, et nous la sauverons!... Intrigues, prières, menaces, rien ne m'a coûté; je n'ai pas craint même de rompre avec les Orsini, qui la poursuivent aujourd'hui de leur vengeance! je vous ai donné mon crédit, je vous ai donné mes trésors!... je vous aurais donné mon sang, si vous me l'eussiez demandé, car vous disiez que c'était pour ma fille!... car vous aviez promis de me la rendre... et vous juriez par le Dieu vivant!..

MONTALTE, *qui pendant tout ce temps a réfléchi comme un homme qui combine un plan.*

Ah! si vous pouviez m'écouter... si vous vouliez me seconder encore...

LA COMTESSE.

Oh! parlez, parlez, monseigneur!

MONTALTE, *la prenant par le bras.*

La nomination du saint père peut seule sauver votre fille; mais cette nomination dépend de deux voix!... deux voix qui s'obstinent à rester encore aux Orsini... deux voix que vous pouvez leur enlever... Médicis et Alexandrini, tous deux unis par alliance à votre famille.

LA COMTESSE.

Et que faut-il pour cela?

MONTALTE, *réfléchissant.*

Ah! il faudrait de l'or, beaucoup d'or!

LA COMTESSE, *avec exaltation.*

Vous en aurez, monseigneur, vous en aurez; ma fortune entière pour sauver ma fille!

MONTALTE, *cherchant toujours dans sa pensée, sans regarder la Comtesse.*

Mais ce n'est pas tout... il faudrait, car le temps

presse, il faudrait presser aussi... (*Avec colère.*) Ces cardinaux qui ne veulent pas en finir... trouver un moyen de les forcer de terminer le conclave, (*S'animant.*) Le peuple souffre de toutes ces lenteurs, il murmure contre l'interrègne... il faudrait un homme dévoué... (*l'Inconnu écoute avec attention*) intelligent, brave, qui se mêlât parmi les masses, qui sût les travailler, les soulever... et entraîner le mouvement populaire dont nous avons besoin.

L'INCONNU, *s'avançant résolument.*

Cet homme, ce sera moi !

MONTALTE.

Toi !

LA COMTESSE, *émue.*

Quel est cet homme à qui nous allons confier le sort de mon enfant ?

L'INCONNU, *n'osant pas encore se découvrir.*

Cet homme, madame, est un homme dont l'enjeu est aussi grand que le vôtre, dans la partie que nous allons engager !

MONTALTE

Cette voix !...

L'INCONNU.

Car si vous voulez sauver votre fille... (*après avoir regardé de tous côtés*) moi, je veux sauver celle que j'aime !

Il se découvre.

LA COMTESSE.

Jules !...

MONTALTE, *avec un mouvement de joie marqué, mais à part.*

Ah !

JULES.

Avez-vous donc cru que par la fuite c'était ma vie que je voulais protéger ?... non; quand j'ai profité du dévouement de Ranuccio, c'était pour les délivrer tous deux... j'ai voulu conserver à Hélène une force pour le jour du danger, un appui qui ne lui manquerait pas quand tout le reste lui manquerait.

LA COMTESSE.

Ah ! soyez béni, brave jeune homme !

JULES, *baissant la voix.*

J'ai rassemblé mes amis, les paysans... les Transtévérins; cette nuit, ils sont entrés dans Rome, par différentes portes; tous me sont dévoués, tous sont armés, tous ont juré de périr, ou de sauver Hélène et Ranuccio.

MONTALTE, *les ramenant tous deux sur le devant de la scène.*

Oh ! c'est à présent, madame, que nous pouvons tout espérer !... (*Très-vite.*) Vous, Jules, courez rassembler vos amis sur la place; qu'ils demandent à grands cris la fin du conclave... Vous, madame, courez près de l'abbé Guerra, vous pouvez vous fier à lui.

LA COMTESSE, *avec joie.*

Oui, monseigneur.

MONTALTE.

Remettez-lui vos trésors, vos valeurs, tout l'argent enfin dont vous pouvez disposer... il en fera bon usage.

LA COMTESSE.

Oui, monseigneur.

MONTALTE.

Vous m'avez bien compris tous deux ?

LA COMTESSE.

Il faut renverser les Orsini au conclave !

JULES.

Il faut armer nos amis !

LA COMTESSE.

Pour sauver ma fille !

JULES.

Pour sauver Hélène !

LA COMTESSE.

Adieu, monseigneur... Adieu, Jules ; (*avec effusion*) adieu, mon fils !

JULES, *se jetant dans ses bras.*

Ma mère ! ma mère !... votre fille vivra, ou j'aurai cessé de vivre !

Ils sortent tous deux, Jules par la gauche, la mère par la droite.

SCENE V.

MONTALTE, *seul.*

Et puis, s'ils échouent, eh bien ! le vieillard saura tout déclarer, et renoncer à ses plans d'ambition, plutôt que de laisser périr la jeune fille... (*avec fierté*) mais avant ce moyen suprême, il faut tenter de vaincre, il sera toujours temps de mourir...

Tout ce dernier acte, l'acteur doit se voûter le plus qu'il pourra.

SCENE VI.

MONTALTE, LE GOUVERNEUR DE ROME.

LE GOUVERNEUR.

Monseigneur, de la part du saint office...

MONTALTE, *avec calme.*

Qu'y a-t-il, monsieur le gouverneur ?

LE GOUVERNEUR.

Le condamné Ranuccio demande à parler à monseigneur...

MONTALTE, *très-étonné.*

A moi ?

LE GOUVERNEUR.

A vous-même.

MONTALTE.

Et pourquoi ?

LE GOUVERNEUR.

Nous l'ignorons.

MONTALTE, *après une pause.*

Qu'il vienne. (*Le Gouverneur sort.*) Que peut-il me vouloir ? (*Entre Ranuccio, pâle et brisé ; il marche avec peine, soutenu par deux sbires, qui le conduisent jusqu'au fauteuil.)* Quelle pâleur effrayante!... serait-ce déjà la crainte de la mort?

RANUCCIO, *s'appuyant sur le dos du fauteuil; au chef des sbires.*

Vous êtes bien sûrs que je ne m'enfuirai pas, vous autres; laissez-moi donc seul un moment avec monseigneur.

Le chef des sbires se retire au fond avec ses hommes, et se promène dans la galerie; il doit reparaître de temps en temps.

∿∿∿∿∿∿∿∿∿∿∿∿∿∿∿∿∿∿∿∿∿∿∿∿∿∿

SCENE VII.

MONTALTE, RANUCCIO, LES SBIRES, *au fond dans la galerie.*

RANUCCIO, *appuyé sur le dos du fauteuil; à part.*

A nous deux, mon petit béquillard!

MONTALTE, *froidement.*

Parlez, que me voulez-vous?

RANUCCIO, *après une pause.*

Monseigneur me reconnaît bien?

MONTALTE.

Vous êtes Ranuccio.

RANUCCIO.

Monseigneur sait-il que je suis condamné?

MONTALTE.

On vient de me l'apprendre.

RANUCCIO.

A une mort un peu compliquée... mais ce n'est pas l'affaire. Monseigneur sait-il aussi qu'un nouveau personnage compromis dans l'attaque du couvent vient d'être découvert?

MONTALTE, *étonné.*

Comment?

RANUCCIO, *appuyant.*

Par un billet que j'avais eu l'imprudence de conserver sur moi.

MONTALTE, *froidement.*

Et ce billet?

RANUCCIO.

Est signé du père Anselme.

MONTALTE, *après un léger mouvement.*

Et connaît-on ce père Anselme?

RANUCCIO, *l'examinant.*

Ah! voilà ce qu'on voudrait bien savoir, et ce qu'on ne sait pas. (*Léger mouvement de Montalte.*) Mais je le sais, moi.

MONTALTE.

Vous!

RANUCCIO.

Et vous avouerez, monseigneur, que, pour racheter une vie à laquelle on tient toujours un peu, (*appuyant*) il serait tentant de le livrer... (*baissant la voix*) surtout quand on est si près de lui...

MONTALTE, *après une pause.*

Expliquez-vous.

RANUCCIO.

Cela ne vous paraît pas assez clair?

MONTALTE.

Que pouvez-vous donc croire?

RANUCCIO.

Que c'est vous, monseigneur.

MONTALTE, *souriant, sans montrer la plus légère émotion.*

Moi!... Ah! voilà une idée qui n'est venue qu'à vous!

RANUCCIO, *vivement.*

Ah! c'est que personne n'avait autant d'intérêt à la trouver que moi. La première fois que j'ai entendu le nom du père Anselme, c'est vous qui l'avez prononcé; quand il s'est présenté pour marier Jules et Hélène, vous seul pouviez savoir qu'ils étaient réunis; ces secours répandus sur notre route pendant notre exil, ces avis mystérieux, anonymes, dont le dernier, à notre arrivée en Italie, était un piège, tout cela vient de la même main... Enfin, ce billet trouvé sur moi, c'est encore vous qui l'avez jeté à Sciotti par la fenêtre du corps-de-garde de bravi... (*Dénégations de Montalte.*) C'est vous!... car vous vouliez sortir... (*Montalte tousse et se courbe davantage.*) Oh! vous allez me dire que le père Anselme était droit et vert, et que vous êtes courbé par l'âge et la maladie; que sa démarche était assurée, et que vous boitez; que sa voix était ferme, et que la vôtre est chevrotante... tout cela est vrai, comme il est vrai qu'il y a là-dessous un mystère que je ne devine pas, et (*observant Montalte qui est impassible*) que l'Inquisition éclaircirait mieux que moi peut-être... Pour conclure, êtes-vous une âme damnée des Campireali? êtes-vous un bon ange déguisé?... vouliez-vous nous perdre? vouliez-vous nous sauver? je ne suis pas assez fin pour démêler tout cela; (*avec force*) mais ce que je sais, ce que je sens, ce dont j'ai la conviction, c'est que vous êtes le père Anselme, et, la tête sous le couteau, la main sur le Christ, je le jurerais...

Un silence.

MONTALTE, *qui pendant tout ce temps est resté impassible, se tournant vers lui avec le plus grand sang-froid.*

Et par ce serment, si vous perdiez tout?

RANUCCIO, *vivement.*

Eh bien! alors, monseigneur, cartes sur table; car encore faut-il que je sache pourquoi je me tairai. Pour ne pas déchirer le voile qui vous couvre, vous avez donc un bien grand intérêt?

MONTALTE, *se rapprochant et après avoir regardé autour de lui.*

Oh! oui, un intérêt puissant, sacré! une sainte vengeance, que je poursuis depuis quatorze ans! mais avant tout, deux innocens à sauver, et je ne puis le faire, Ranuccio, qu'à une condition; c'est que le secret me sera gardé deux jours encore.

RANUCCIO, *très-vite.*

Et ces innocens?

MONTALTE, *même jeu.*

Jules et Hélène.

RANUCCIO, *très-vite.*

Et il vous faut deux jours ?

MONTALTE, *même jeu.*

Deux jours !

RANUCCIO, *avec feu.*

Et vous les sauverez ?

MONTALTE, *de même.*

Je le jure, et vous allez voir si je puis violer mon serment. Ce Peretti, votre ancien frère d'armes, ce Peretti, dont vous aimez le fils parce que vous aimiez le père, ce Peretti enfin, lâchement assassiné par les Orsini...

RANUCCIO.

Eh bien ?...

MONTALTE.

Ce Peretti, c'était mon frère !...

RANUCCIO, *se soulevant.*

Votre frère ! (*Il retombe sur le fauteuil en contemplant avec une joie muette Montalte, qui lui fait signe de se taire.*) Oh ! à présent je vous crois... à présent je vous comprends... je n'ai plus besoin d'autre garantie au monde... vous les sauverez ! (*Aux gardes.*) Et maintenant, qu'on me ramène.

MONTALTE.

Où donc ?

RANUCCIO, *retombant assis, en écartant son manteau, qui laisse voir ses jambes couvertes de linges sanglans.*

A la torture !

MONTALTE.

A la torture, grand Dieu !

RANUCCIO, *souriant en baissant la voix.*

Ils veulent savoir qui est ce père Anselme.

MONTALTE.

Vous n'irez pas, vous n'irez pas !... j'aime mieux tout révéler.

RANUCCIO, *l'arrêtant.*

Et qui sauvera Jules et Hélène ? (*Bruit sur la place.*) Quel est ce tumulte ?

Montalte va à la croisée.

CRIS, *au dehors.*

Plus d'interrègne ! la fin du conclave !

MONTALTE, *regardant à la fenêtre.*

C'est Jules, Jules à la tête du peuple !

RANUCCIO.

Jules ! oh ! je savais bien qu'il ne nous abandonnerait pas !

* * *

SCENE VIII.

RANUCCIO, *assis,* LA COMTESSE, MONTALTE.

LA COMTESSE, *éparée, et avec le désespoir d'une mère.*

Oh ! monseigneur, monseigneur, secourez-la ! (*Pleurant.*) J'ai rempli ma promesse, moi, et vous, vous m'avez indignement trompée !... Oh ! voyez, ma fille ! ma fille ! ils l'entraînent au supplice... O monseigneur, pitié, pitié pour mon enfant !

Elle tombe presque évanouie aux pieds de Montalte.

MONTALTE.

Relevez-vous, madame, relevez-vous.

* * *

SCENE IX.

LE GOUVERNEUR DE ROME, *paraissant le premier ; puis* HÉLÈNE, *en robe de condamnée, et soutenue par un franciscain, au milieu des sbires,* MONTALTE, LA COMTESSE.

MONTALTE, *allant au gouverneur.*

Monsieur le gouverneur de Rome, que signifie cela ?... pourquoi avancer l'exécution du jugement ?

LE GOUVERNEUR.

Monseigneur, le peuple vient de se soulever... (*En ce moment on entend les cris du peuple qui augmentent.* Vous l'entendez ?

MONTALTE, *à part.*

Grand Dieu ! et c'est moi !

LE GOUVERNEUR.

Il menace le conclave... il menace d'enlever les coupables de Castro !... le Saint Office a résolu d'avancer l'exécution.

MONTALTE, *insistant.*

Mais cette mesure...

LE GOUVERNEUR.

Est devenue nécessaire pour prévenir de plus grands excès ; le salut de l'état avant tout !

Cris plus furieux. Le peuple, armé de bâtons, de haches, entre en foule sur le théâtre avec Jules, qui le guide. On distingue parmi le peuple les Transteverins, armés de leurs poignards.

JULES, *les animant.*

A moi, mes amis, à moi !... arrachons-la à ses bourreaux !... arrachons-la aux Orsini !

TOUS, *avec des cris de rage.*

Mort aux Orsini !... mort aux Orsini !...

LE GOUVERNEUR, *tirant son épée.*

Gardes, faites votre devoir !

Les gardes baissent leurs arquebuses et mettent le peuple en joue ; des seigneurs alliés des Orsini mettent l'épée à la main. Le sang va couler...

MONTALTE.

Arrêtez !... je vais parler.

Tout le monde s'avance avec curiosité pour entendre ce que Montalte va dire. Coup de canon. Silence.

LE GOUVERNEUR.

Le pape est nommé !

Mouvement de joie générale.

MONTALTE, *à part, avec la plus grande anxiété.*

Ah! mon destin s'achève... je respire à peine.

Deuxième coup. Le canon se fait entendre jusqu'à la fin de la pièce. Tout le monde témoigne son étonnement.

LE GOUVERNEUR, *étonné, aux seigneurs.*

Que veut dire ce deuxième coup?

MONTALTE, *se redressant de toute sa hauteur et d'une voix forte et vibrante.*

Il veut dire qu'il n'est plus besoin de feindre... (*jetant sa béquille*) et que je puis jeter enfin le masque dont il a fallu trop long-temps me couvrir! il veut dire (*aux seigneurs qui reculent avec étonnement*) qu'à présent Rome a un maître, qui saura détruire tous les repaires du crime, tous les refuges de bravi et d'assassins! (*avec intention,*) qu'ils s'appellent palais Orsini ou abbaye de Castro!... (*au peuple*) et rendre à la justice et à la religion toute sa force et sa dignité! (*Avec effusion à Jules, qui est à sa gauche.*) Il veut dire enfin, fils de Peretti, fils de mon frère!

JULES.

Moi!

TOUS.

Son frère!

MONTALTE, *à Hélène, qui est encore au milieu des gardes.*

Et vous, Hélène Campireali, que vous êtes libres tous deux. (*Elevant la voix et s'adressant au peuple.*) Car tous deux vous êtes innocens de tout crime, et vos vœux étaient nuls!... (*Mouvement.*) Je le sais, moi! moi qui vous ai mariés! (*Hélène et Jules se prosternent. A Jules, qu'il relève.*) Dans mes bras!... dans mes bras!

RANUCCIO, *étourdi de la métamorphose subite de Montalte.*

En voilà un miracle du père Anselme!

MONTALTE, *prenant Hélène par la main et la conduisant à sa mère.*

J'avais promis de vous la rendre, madame.

HÉLÈNE.

Ma mère!... (*Elle se jette dans les bras de sa mère, qui la couvre de baisers; puis elle se tourne vers Jules.*) Jules!... mon Jules!

JULES.

Hélène!...

MONTALTE.

Et toi, mon brave soldat de Lépante, que puis-je faire pour toi?... que puis-je te donner?

Silence.

RANUCCIO.

Votre béquille, père Anselme... à présent, j'en ai plus besoin que vous.

LE GOUVERNEUR, *après avoir écouté un officier qui entre et lui parle bas, s'avance avec respect.*

Quel nom prendra sa sainteté?

MONTALTE, *d'une voix sonore.*

Sixte-Quint!...

Sur ce mot, les femmes, les enfans, les vieillards tombent à genoux; le gouverneur, la Comtesse, Jules, Hélène, les gardes s'inclinent avec respect; les Transteverins, montés sur les marches, élevent leurs chapeaux ornés de rubans, en poussant de longs et joyeux cris de Vivat!... Vivat!...

FIN.

Paris.   Imprimerie de C. H. LAMBERT, rue Coq Héron, 5.